世界银行物流绩效指数报告（2012年）

联结以竞争：全球经济中的贸易物流

〔法〕让－弗朗索瓦·阿维斯（世界银行）
〔罗马尼亚〕莫妮卡·艾琳娜·马斯特拉（世界银行）
〔芬〕劳里·奥加拉（图尔库经济学院）-著-
〔澳〕本·谢泼德（世界银行）
〔阿根廷〕丹尼尔·萨斯拉夫斯基（世界银行）

王　波 -译-

中国财富出版社

图书在版编目（CIP）数据

世界银行物流绩效指数报告：2012 年：—联结以竞争：全球经济中的贸易物流/（法）阿维斯等著；王波译．—北京：中国财富出版社，2013. 12

ISBN 978 - 7 - 5047 - 4904 - 8

Ⅰ．①世… Ⅱ．①阿… ②王… Ⅲ．①物流—经济绩效—指数—研究报告—世界—2012 ②物流—经济绩效—经济指标—研究报告—世界—2012 Ⅳ．①F259. 1

中国版本图书馆 CIP 数据核字（2013）第 228217 号

前　言

这是第三版的《世界银行物流绩效指数报告——联结以竞争：全球经济中的贸易物流》。其核心是物流绩效指数（LPI），这是世界银行自2007年以来每两年提出一次的指标体系。LPI用以衡量全球155个国家（2012年）的陆上贸易物流绩效，协助国家领导人、重要决策者以及私营贸易商明晰他们以及他们的贸易竞争对手在降低国际商业物流障碍方面所面临的挑战。

物流组织货物实现时间和空间上的转移，最早发源于19世纪的军事应用，而今已演化为国际性的供应链。作为国际贸易的骨干支撑，物流包括货物运输、仓储、边境通关、支付体系以及诸多其他功能。这些功能大部分是由为私人贸易商和货主服务的私人服务提供商履行的，但物流对于国家政府、地区和国际机构的公共政策而言也是非常重要的。

由于全球供应链存在较大的差异性及复制性，物流的效率取决于政府服务、投资和政策。建设基础设施、制定交通服务法规制度以及设计、实施有效的清关手续，均是政府扮演重要角色的领域所在。过去20多年来全球物流的改进得益于创新和全球贸易的大幅增长。一方面，政策和投资使得商品物流成为可能，帮助绩效最好的国家实现现代化；另一方面，物流在许多发展中国家还十分落后。确实，在前两次报告中已经非常显著的“物流鸿沟”仍然存在。

物流绩效对于经济增长、多元化以及减少贫困等方面的极端重要性已经被广为认可。政策发挥重要的作用包括：国家政府可以通过“软性的”和“硬性的”基础设施建设投资实现贸易便利化。政府通过实施战略性和持续性的干预、调度传统领域的相关各方以及调动私营部门的参与，改进其绩效。物流对于发展的可持续性也有着越来越重要的作用。2012 年的 LPI 还首次关注了物流运作对环境的影响。

LPI 为衡量物流绩效提供了简单的和全球化的参照基准，通过提供系统性的、跨国家的比较，填补了数据组的空白。LPI 是世界银行、物流服务提供商以及学术界集体努力的结晶，是通过对物流专业人士展开调查问卷而获得的。通过让货运代理人就关键物流事项——清关效率、基础设施质量以及跟踪货物的能力对各个国家进行评分，进而揭示了影响贸易物流运作效率的一系列因素。这是相对初级的指标，表明了一个国家所处的位置，同时也可以激发研究者们对物流绩效的决定性因素采取更为深入、细致的评估，甚至与具体国家关联的评估。LPI 评分不应当被过高估计——一个国家的 LPI 评分关联度不及其五分区的关联度（不管是在绩效最好的国家还是绩效最差的国家，或是处于中间地带的国家）。报告的作者们利用置信区间观察每个国家 LPI 评分的敏感度。

LPI 反映了全球私营部门如何通过其主要贸易通道把各个国家在全球范围内联结起来，因此可能无法充分反映国家层面的变化。LPI 为深度的国家评估（近年来许多国家都进行了这种评估，其中有许多还由世界银行提供支持）提供了补充，而不是取而代之。

对衡量物流绩效感兴趣的贸易分析者、决策者以及从业者均使用 LPI。世界银行和其他国际组织都越来越多地在发展中国家贸易便利化的咨询顾问和执行活动中使用这一指标。LPI 使政府、商业和民间团体的领导者更好地评估商品物流的竞争性优势并理解不同干预领域重要性的不同。我们希望第三版的《世界银行物流绩效指数报告——联结以竞争：全球经济中的贸易物流》能够继续帮助决策者和利益相关者这个广泛的群体展开相关工作。

奥塔维亚诺·康努托

世界银行副行长、减贫与经济管理网络负责人

作者与致谢

本报告在伯纳德·霍克曼（主管）和莫娜·哈达德（部门经理）的指导下，由世界银行国际贸易部（PRMTR）编制。项目领导人和主要作者是让-弗朗索瓦· 阿维斯和莫妮卡·艾琳娜·马斯特拉。作者还包括劳里·奥加拉（图尔库大学图尔库经济学院）、本·谢泼德（贸易发展顾问委员会会长）和丹尼尔·萨斯拉夫斯基。

世界银行的许多同事为调查研究提供了重要的观点，并审读了研究结果或是提供的资料。他们包括罗宾·卡拉瑟斯、娜塔莉·库比洛斯、马克·朱埃尔、查尔斯·库纳卡、索米克·洛尔、安德里斯·迪特里希·可普、杰勒德·麦林登、朱莉亚·布尔·奥利维尔、盖尔·拉巴朗德、朱立安·兰贝蒂、亨利·桑迪、乔丹·施瓦兹、弗吉尼亚·塔纳斯和乔斯维尔比克。赛琳娜·伊丽莎白·杰克逊、蒙贝尔特·霍普、让·诺埃尔·吉洛苏、爱卡特琳娜·瓦沙克马德兹、乔瓦纳·普朗努斯、伊万·罗斯格诺尔、维嘉·斯里尼瓦斯·塔塔、沙罗·库马尔·杰哈、伊冯·齐卡塔和阿尔多·汉森也参与了对研究结果的审读工作。

作者们还要对外部同事的支持和贡献表示感谢。他们包括扬·杜瓦尔（联合国亚太经济和社会委员会）、贾里·考皮拉（国际运输论坛）和路易斯－保罗·塔迪夫（加拿大运输部）。在核心团队的指导下，BlueTundra 网站的丹尼尔·克雷默设计、开发并维护提供 LPI 问卷调查及其结果的网站（基于网络的调查问卷有英语、法语、西班牙语、汉语和俄语 5 种语言版本）。世界银行信息解决方案集团的司考特·约翰逊帮助团队监督问卷调查收到的反馈。

如果没有以下协会和公司的支持和参与，LPI 调查将无法实现：国际货运代理联合会（www. fiata. com）、全球快运协会（www. global－express. org）、全球运输与贸易便利化合作协会（www. gfptt. org）、十个国际物流公司、全球范围内众多的中小型物流公司。调查问卷由芬兰图尔库大学图尔库经济学院（www. tse. fi/en）与世界银行设计和执行。从 2000 年起，图尔库大学图尔库经济学院便一直和世界银行共同致力于 LPI 调查问卷的相关研究。

作者们在此感谢全世界数百名参与问卷调查的国际货运代理及快递承运公司的工作人员。他们的参与对于报告的质量和项目的可信度有着极其重要的作用。他们的持续回馈对于我们将来进一步研究和改进问卷调查及 LPI 有着至关重要的作用。

目录

Contents

总 览

什么是物流绩效指数

物流绩效指数是以面向全球范围内的货运代理公司和快运公司进行的问卷调查为基础，由世界银行开发的用以衡量一个国家物流供应链绩效的一种基准测试工具。物流绩效指数可以在155个国家之间进行比较，帮助这些国家发现挑战和机遇、改善物流绩效。世界银行每两年进行一次问卷调查。

技术进步以及全球范围内的贸易和投资自由化为各个国家管理全球市场发展和缓解贫困问题提供了新的机遇。然而，随着全球供应链的出现，一个新的理念得到了重视，即快速、可靠而价格低廉地运输货物。联结到全球物流网络的能力取决于一个国家的基础设施、服务市场和贸易流程。许多发展中国家的政府和私人部门应该改进这些领域，否则将面临巨大的和日渐增长的进入成本。

本书是《世界银行物流绩效指数报告——联结以竞争：全球经济中的贸易物流》的第三个版本。报告概述了新数据组关于2012年物流绩效指数（Logistics Performance Index，LPI）及其构成指标的研究发现。2012年LPI报告还提供了143个国家进出口供应链的扩展数据，包括时间、成本、可靠性与国内基础设施质量的评分、核心服务的绩效以及贸易清关手续的友好度。2012年LPI及其指标融入了有关国际贸易运输公司的第一手知识。这些信息对于正试图确定其“软性”与“硬性”贸易和物流基础设施改革优先顺序的决策者和私人部门具有重大意义。研究发现包括以下方面：

- 尽管2007年以来绩效表现出了积极的态势，但基础设施、清关手续以及服务质量仍存在严重的缺陷（除了高收入国家）；
- 实现重大绩效改善的国家是那些实施长期综合性改革与投资的国家；
- 有效率的边境清关超越了海关的范畴，并且意味着相关各个机构需要协调合作；
- 绿色物流是一个不断受到关注的主题，尤其是当跟经济合作与发展组织国家进行运输业务之时。

2012 年 LPI 排名与得分

2012 年 LPI				2012 年 LPI				2012 年 LPI			
经济体	排名	得分	最佳绩效国家（地区）的百分比（%）	经济体	排名	得分	最佳绩效国家（地区）的百分比（%）	经济体	排名	得分	最佳绩效国家（地区）的百分比（%）
新加坡	1	4.13	100.0	越南	53	3.00	64.1	洪都拉斯	105	2.53	49.1
中国香港特别行政区	2	4.12	99.9	罗马尼亚	54	3.00	63.8	喀麦隆	106	2.53	48.9
芬兰	3	4.05	97.6	波斯尼亚和黑塞格维那	55	2.99	63.5	不丹	107	2.52	48.6
德国	4	4.03	97.0	乌拉圭	56	2.98	63.5	加纳	108	2.51	48.2
荷兰	5	4.02	96.7	阿拉伯埃及共和国	57	2.98	63.3	老挝	109	2.50	48.0
丹麦	6	4.02	96.6	立陶宛	58	2.95	62.3	塞内加尔	110	2.49	47.7

续　表

经济体	2012 年 LPI 排名	2012 年 LPI 得分	2012 年 LPI 最佳绩效国家（地区）的百分比（%）	经济体	2012 年 LPI 排名	2012 年 LPI 得分	2012 年 LPI 最佳绩效国家（地区）的百分比（%）	经济体	2012 年 LPI 排名	2012 年 LPI 得分	2012 年 LPI 最佳绩效国家（地区）的百分比（%）
比利时	7	3.98	95.3	印度尼西亚	59	2.94	62.2	委内瑞拉	111	2.49	47.7
日本	8	3.93	93.8	秘鲁	60	2.94	61.9	伊朗	112	2.49	47.6
美国	9	3.93	93.7	巴拿马	61	2.93	61.6	巴拉圭	113	2.48	47.4
英国	10	3.90	92.7	阿曼	62	2.89	60.4	圣多美及普林西比	114	2.48	47.4
奥地利	11	3.89	92.5	也门共和国	63	2.89	60.3	几内亚	115	2.48	47.4
法国	12	3.85	91.2	哥伦比亚	64	2.87	59.8	阿塞拜疆	116	2.48	47.4
瑞典	13	3.85	91.2	爱沙尼亚	65	2.86	59.5	乌兹别克斯坦	117	2.46	46.9
加拿大	14	3.85	91.1	乌克兰	66	2.85	59.3	赞比亚	118	2.46	46.8
卢森堡	15	3.82	90.3	贝宁	67	2.85	59.3	利比亚	119	2.45	46.3
瑞士	16	3.80	89.7	博茨瓦纳	68	2.84	58.9	黑山	120	2.45	46.3

续 表

2012 年 LPI				2012 年 LPI				2012 年 LPI			
经济体	排名	得分	最佳绩效国家（地区）的百分比（%）	经济体	排名	得分	最佳绩效国家（地区）的百分比（%）	经济体	排名	得分	最佳绩效国家（地区）的百分比（%）
阿拉伯联合酋长国	17	3.78	88.9	希腊	69	2.83	58.6	尼日利亚	121	2.45	46.3
澳大利亚	18	3.73	87.2	科威特	70	2.83	58.5	肯尼亚	122	2.43	45.9
中国台湾	19	3.71	86.6	巴基斯坦	71	2.83	58.4	斐济	123	2.42	45.4
西班牙	20	3.70	86.4	毛里求斯	72	2.82	58.2	牙买加	124	2.42	45.3
韩国	21	3.70	86.2	马拉维	73	2.81	57.8	阿尔及利亚	125	2.41	45.3
挪威	22	3.68	85.9	危地马拉	74	2.80	57.7	所罗门群岛	126	2.41	45.2
南非	23	3.67	85.5	塞尔维亚	75	2.80	57.6	毛里塔尼亚	127	2.40	44.7
意大利	24	3.67	85.4	拉脱维亚	76	2.78	56.9	巴布亚新几内亚	128	2.38	44.0
爱尔兰	25	3.52	80.6	格鲁吉亚	77	2.77	56.8	缅甸	129	2.37	43.8

续 表

2012 年 LPI				2012 年 LPI				2012 年 LPI			
经济体	排名	得分	最佳绩效国家（地区）的百分比（%）	经济体	排名	得分	最佳绩效国家（地区）的百分比（%）	经济体	排名	得分	最佳绩效国家（地区）的百分比（%）
中国	26	3.52	80.5	阿尔巴尼亚	78	2.77	56.7	吉尔吉斯斯坦	130	2.35	43.3
土耳其	27	3.51	80.3	厄瓜多尔	79	2.76	56.2	加蓬	131	2.34	43.0
葡萄牙	28	3.50	80.1	巴哈马群岛	80	2.75	56.1	摩尔多瓦	132	2.33	42.6
马来西亚	29	3.49	79.8	斯里兰卡	81	2.75	56.0	圭亚那	133	2.33	42.5
波兰	30	3.43	77.8	哥斯达黎加	82	2.75	55.9	布基纳法索	134	2.32	42.3
新西兰	31	3.42	77.4	科特迪瓦	83	2.73	55.4	阿富汗	135	2.30	41.5
冰岛	32	3.39	76.6	马达加斯加	84	2.72	55.1	塔吉克斯坦	136	2.28	41.1
卡塔尔	33	3.32	74.3	多米尼加共和国	85	2.70	54.4	利比亚	137	2.28	41.0
斯洛文尼亚	34	3.29	73.1	哈萨克斯坦	86	2.69	54.2	安哥拉	138	2.28	40.8

续 表

2012 年 LPI				2012 年 LPI				2012 年 LPI			
经济体	排名	得分	最佳绩效国家（地区）的百分比（%）	经济体	排名	得分	最佳绩效国家（地区）的百分比（%）	经济体	排名	得分	最佳绩效国家（地区）的百分比（%）
塞浦路斯	35	3.24	71.8	尼日尔	87	2.69	54.1	卢旺达	139	2.27	40.5
保加利亚	36	3.21	70.7	坦桑尼亚	88	2.65	52.9	蒙古	140	2.25	40.0
沙特阿拉伯	37	3.18	69.7	纳米比亚	89	2.65	52.9	埃塞俄比亚	141	2.24	39.6
泰国	38	3.18	69.6	玻利维亚	90	2.61	51.6	莱索托	142	2.24	39.5
智利	39	3.17	69.5	白俄罗斯	91	2.61	51.6	刚果民主共和国	143	2.21	38.6
匈牙利	40	3.17	69.5	阿拉伯叙利亚共和国	92	2.60	51.3	古巴	144	2.20	38.3
突尼斯	41	3.17	69.4	萨尔瓦多	93	2.60	51.2	伊拉克	145	2.16	37.1
克罗地亚	42	3.16	69.2	几内亚比绍共和国	94	2.60	51.1	科摩罗	146	2.14	36.5
马耳他	43	3.16	69.0	俄罗斯联邦	95	2.58	50.7	厄立特里亚	147	2.11	35.5

续 表

2012 年 LPI				2012 年 LPI				2012 年 LPI			
经济体	排名	得分	最佳绩效国家（地区）的百分比（%）	经济体	排名	得分	最佳绩效国家（地区）的百分比（%）	经济体	排名	得分	最佳绩效国家（地区）的百分比（%）
捷克共和国	44	3.14	68.5	黎巴嫩	96	2.58	50.6	苏丹	148	2.10	35.3
巴西	45	3.13	68.2	多哥	97	2.58	50.5	刚果共和国	149	2.08	34.7
印度	46	3.08	66.4	中非共和国	98	2.57	50.3	塞拉利昂	150	2.08	34.5
墨西哥	47	3.06	66.0	前南斯拉夫马其顿共和国	99	2.56	50.1	尼泊尔	151	2.04	33.1
巴林岛	48	3.05	65.7	亚美尼亚	100	2.56	50.0	乍得	152	2.03	32.9
阿根廷	49	3.05	65.5	柬埔寨	101	2.56	50.0	海地	153	2.03	32.8
摩洛哥	50	3.03	65.5	约旦	102	2.56	49.8	吉布提	154	1.80	25.5
斯洛克共和国	51	3.03	64.9	津巴布韦	103	2.55	49.6	布隆迪	155	1.61	19.5
菲律宾	52	3.02	64.8	马尔代夫	104	2.55	49.4				

概要与主要研究发现

第三版的《世界银行物流绩效指数报告——联结以竞争：全球经济中的贸易物流》报告了物流绩效指数（LPI）及其六个构成指标。目前广泛认为用物流绩效指数衡量物流效率对贸易和发展具有至关重要的作用。一个国家在全球范围进行贸易的能力取决于其贸易商是否能够进入全球货运与物流网络。而一个国家供应链（成本、时间和可靠性）的效率则取决于其国内经济（物流绩效）的具体特点。较好的综合物流绩效和贸易便利化程度与贸易扩大、出口多元化、对外商直接投资的吸引度以及经济增长密切相关。

通过对物流绩效的综合评估，LPI 报告比较了全球 155 个国家的贸易物流形象，以五分制进行评分，1 分最差，5 分最好。这些评分以将近 1000 家国际货运代理商（它们对其最频繁服务的 8 个国家进行评分）提交的 6000 份独立的国别评估结果为基础。物流绩效指数的六个构成指标包括[①]：

- 边境管制机构（包括海关）清关流程的效率（手续的速度、简单程度和可预见性）
- 贸易与运输相关基础设施（港口、铁路、公路和信息技术）的质量
- 安排具有竞争性价格货运的便利性
- 物流服务（运输商、报关行）的竞争力和质量
- 追踪与追溯货物运输的能力

① 本报告对所涉的六个 LPI 构成指标以其简称指代：海关、基础设施、国际货运、物流质量与竞争力、追踪与追溯货物运输的能力以及及时性。

- 货物运输在既定或预期时间内的到货率

与此同时，《世界银行物流绩效指数报告——联结以竞争：全球经济中的贸易物流》（2012 年）还包含全球 143 个国家的一整套国内绩效指标。为获取这些数据，调查受访者评估他们工作所在国家的物流环境，提供的信息包括基础设施质量、核心服务的绩效、贸易清关手续的友好性以及进出口供应链的时间、成本和可靠性。这些国内指标帮助定义各个国家（而不仅仅限于通道，如港口或边境）国内物流的限制因素。他们分析综合物流绩效的主要决定因素，专注于从综合物流绩效的四个主要决定因素分析国别绩效：基础设施、服务、边境手续和时间、供应链的可靠性。

在 2012 年的 LPI 报告中，最高得分和最低得分之间的差距以及不同国家的分数分布情况，与 2010 年的情形大致相同（见图 0.1）。新加坡得分最高，为 4.13 分；布隆迪得分最低，为 1.61 分（为新加坡最高得分的 19%）。

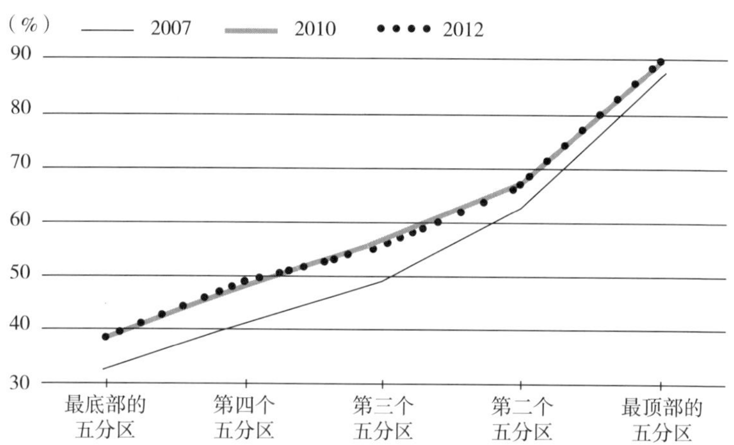

图 0.1　2007 年、2010 年及 2012 年作为最高 LPI 分值百分比的 LPI 分值（根据 LPI 五分法）

资料来源：2007 年、2010 年和 2012 年物流绩效指数。

2012 年的 LPI 并未表明 2007—2010 年 LPI 差距呈持续缩小的趋势。2007—2010 年，绩效指数较差的国家在总体 LPI 得分方面比绩效指数较好的国家提高得更多。然而，2010—2012 年，这两类国家之间的差距并没有进一步缩小。

这种情况或许反映了现实的一些情况，如全球经济衰退和欧债危机，从而使得政府把工作的重心从物流改革方面转移开。在一些地区，持续减少的贸易往来进一步对供应链造成破坏。在经济衰退的背景下，海关指标进展的放缓反映了对税收异乎寻常的关注，而这是以贸易便利化为代价的。

高绩效指数国家与低绩效指数国家之间的“物流鸿沟”继续维持在较大的范围。2012 年物流绩效指数最差的国家是经济最不发达国家，同时也是内陆封闭国家、小岛国或后冲突国家。在 LPI 最底部的五分区国家中，这些国家占了 3/4。它们的典型特征是：贸易量小，远离贸易中心，贸易能力极为有限。此外，令这些国家雪上加霜的是，除了改革的挑战，基础设施及服务的规模经济水平欠佳，它们还依赖于贸易能力受限的邻国的物流水平。

尽管低绩效和现实困境之间存在着重大关联，但是一个国家采取的政策也是非常重要的。确实，经合组织的大部分高收入国家都是物流绩效指数较高的国家，但是在其他收入群体中有一些国家的物流水平在三次 LPI 调查中比其他国家更有效率，包括中国、印度、南非和越南。在最不发达国家中，很难找到物流指数优于其所在收入群体的国家。不过，贝宁的绩效排名从 2007 年的第 89 名跃升至 2012 年的第 67 名，或许反映了贸易商对这个国家在科托努港实行的新的全国性单一窗口系统的满意度有所提升。

摩洛哥在采取了一系列综合性策略（包括改进物流和联结性，

充分利用与欧洲地缘接近的优势）之后，其 LPI 排名从 2007 年的第 113 名攀升至 2012 年的第 50 名。加之摩洛哥在丹吉尔—梅德港的巨额投资和边境管理改革策略，促进了摩洛哥适逢其时的对欧出口贸易（尤其是纺织品、电子产品以及汽车配件）的出现。摩洛哥在 LPI 排名上的迅速攀升充分说明了这一综合策略所带来的回报甚丰。

改革者们不断发现，许多现代物流问题已根深蒂固，没有快捷的解决方法。完成容易实现的目标并不能使物流状况以对贸易商最有利的方式得到可持续的改善。某些绩效指标的停滞不前表明，问题的根源远远不止是调控措施的错误或设备的匮乏。在 2012 年的 LPI 排名中，基础设施的作用非常突出，成为物流进步的主要驱动因素（见图 0.2）；与之相关的是，2007 年相关指标的差距有了相当的改观，这被认为首先是由于中低收入国家的基础设施得到了显著的改善，其次是由于它们的物流服务以及海关与边境管理得到了改善。

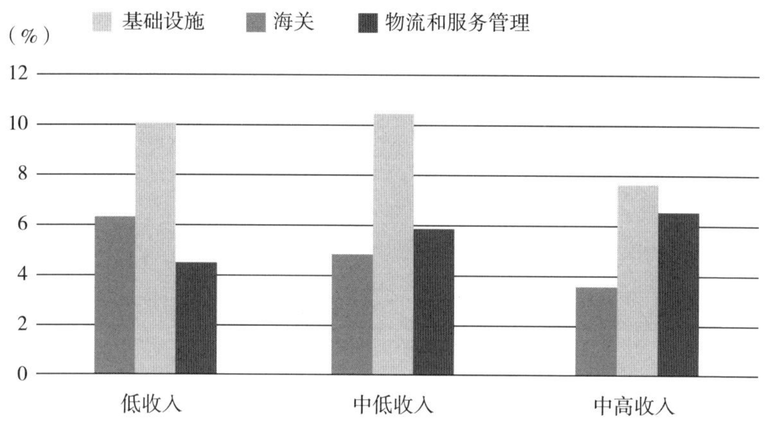

图 0.2　2007—2012 年与最佳绩效者相比较 LPI 构成要素中的百分比变化

这种显而易见的改观证明了在低收入国家和高收入国家之间缩小基础设施水平差距的努力是颇见成效的。

贸易相关的基础设施（尤其是道路）的质量和可得性，仍然限制着发展中国家尤其是低收入国家的物流绩效水平。然而，接近 LPI 排名中部的国家则因道路和港口的质量和可得性而受到阻碍。铁路几乎在任何地方的得分都很低。90% 以上的受访者对发展中国家的铁路服务表示不满意。

有效的边境管理以及边境清关所涉机构之间的协调比以往任何时候都重要。在不同的收入组中，海关机构比边境管理所涉的其他任何机构所获得的 LPI 得分都要高。但是，在许多国家，负责执行卫生和动植物检疫条例以及其他产品标准职能的机构，则明显落后于海关部门。必须实施综合的、策略性的边境管理改革，对所涉相关部门和机构给予充分的重视。

物流服务的质量——货车运输、代运服务以及报关——对于贸易效率也是至关重要的。总体而言，2012 年的物流服务比 2010 年获得更高的 LPI 得分。但是，高收入国家和发展中国家之间的差距依然巨大。低收入国家在货车运输方面得分极差，尽管货车运输体系最近已经吸引了较多的政策关注。

对环境可持续性的关注开始成为市场驱动因素。2012 年的 LPI 调查问卷中新包含了关于绿色物流需求的问题。1/3 向 OECD 国家提供运输服务的受访者都强烈认同绿色的解决方案（指的是模式或路线）；与之形成对比的是，那些向低收入国家提供运输服务的受访者中只有 1/10 表达了相同的观点。和发达国家进行贸易时，发展中国家尤其需要考虑物流的环境影响。

物流绩效和供应链的可靠性以及制造商与出口商所能获得的服务的可预见性之间有着密切的联系。而供应链整体的可靠性受制于其最薄弱的环节，并且随着供应链变得越来越复杂，其往往涉及许多国家却仍然成为国家竞争力中关键的因素。因而综合性改革以及决策者和私人利益相关者的长期投入是非常重要的。像2011 年欧洲经济衰退和经济泥潭这样的事件或许扰乱了规划中的物流改革，因此，当前各个国家和物流提供方再次做出努力以改进物流服务已成为一项迫在眉睫的任务。

第一部分

2012年物流绩效指数

“货物运输及其相伴的物流行业代表着欧盟经济中最有活力和最重要的部门，其产值至少占 GDP 的 10% 以上。”

——西姆·卡拉斯，欧盟委员会副主席、欧盟交通事务专员，2012 年 3 月①在布鲁塞尔召开的“欧洲绿色运输”开幕式上的讲话。

“如果 CBP（美国海关与边境保护局）不支持强大的经济，那么我们就没有在尽职。”

——布兰达·布洛克曼·史密斯，美国海关与边境保护局国际贸易办公室贸易政策与项目部执行主管，2012 年 3 月在第 12 届泛太平洋海洋会议年会②上的讲话。

许多国家采取了前瞻性的物流政策：2011 年，摩洛哥对物流发展采取了公私合作特许经营的方式；南非每年出版物流状况报告；印度尼西亚和马来西亚采取全国性的物流策略；中国是为数不多的拥有专门的物流发展协调机构的国家之一；美国则在 2011 年秋设立了供应链竞争力委员会，与其商会联手合作。

诸如此类的公共支持再次肯定了物流服务提供者的重要性。全球国际贸易物流运营商网络包括海运、空运、陆上运输、仓储以及第三方物流。为实现全球供应链持续运行，物流服务提供者必须同时进行整合和多元化。这一行业的关键部门——空运、集装箱运输、港口装卸以及合同物流（或第三方/第四方服务提供商）——已经高度集中化③，尤其是自 2008 年经济危机以来。④ 但

① Kallas 2012.

② Mongelluzzo 2012.

③ Klaus and Kille 2007.

④ Klaus, Kille, and Schwemmer 2011.

是，由于低成本门槛，在地方上，这一行业的传统子部门——货车运输、传统货运代理以及报关的集中化程度却大大降低。

全球物流要求服务提供者这一理想化的无缝供应链为商品的物理流动提供支持。但是，一个国家的出口商进入全球物流网络的便利性依赖于政府干预下的国内因素。政府可以完善物流服务、金融以及贸易相关的基础设施（要么是直接干预，要么是公私合作的方式）的法规，使贸易手续更加顺畅。尽管有效的物流和贸易便利化对于国家竞争力具有极其重要的作用，但多个部门同时参与却不利于有效的决策。

供应链绩效通过时间、成本、可靠性和灵活性等方面进行衡量。但是，结果却取决于一个国家范围内影响供应链的地方状况，包括贸易相关的手续、相关的支持服务的供应。还包括基础设施，如港口、公路、铁路、机场以及信息和通信技术（ICT）。

贸易供应链的坚实度取决于其最薄弱的链条。一个领域的进展无法总是弥补其他领域进展的缺失。因此，决策者必须有针对性地进行干预来加强最脆弱的链条的发展。针对那些并不亟须改革的部分进行干预将浪费珍稀的资源。

改革不仅是提高供应链绩效这一单个目标。在边境管理改革中，政府尝试在实现安全、财政目标与贸易便利化之间进行协调。可持续性在食品安全（表框 1.1）以及减少尾气排放中也变得越来越重要。

表框 1.1　更好的物流——关于全球食品安全的一道谜题

全球不存在食物紧缺。2010 年，全世界生产了 22 亿吨谷类食物，是 50 年前产量的 2.5 倍多。食物生产的增长超过了 40 亿人口的增长速度，但依然有超过 10 亿人忍受着饥饿或受制于食品价格的剧烈波动。为什么？

原因之一是，运输和物流在很大程度上决定了食物的价格。在发展中国家——尤其是在最不发达的发展中内陆国家——运输和物流成本占比很高，占运达食物价格的20%～60%。例如，运输和物流成本占尼亚加瓜从美国进口玉米成本的48%，占洪都拉斯从美国进口小麦成本的40%。[1]而当供应链中断引起当地供应短缺时，不可靠的供应链可能引发国内价格的剧烈波动。

2011 年2 月，世界食品价格达到了破纪录的高点。在其后的几个月里，价格继续保持波动——这让人想起20 世纪70 年代那次极具破坏性的价格波动。当这样的价格波动影响到谷类食物的价格时，世界上最贫穷的人们将遭受最大的痛苦，因为谷类食物是他们的主食。例如，2010 年，谷类食物在最不发达国家进口食物中的比重达40%。

在很多情况下，得到改善的食品供应链可以减轻这种脆弱性。更加有效的物流可以降低消费价格，使市场在危机中迅速作出反应，并使食物更容易获得。最近，在中东和北非国家（它们属于最依赖谷类食物进口的国家之列）进行的一项小麦供应链评估调研揭示了物流成本高企及脆弱的许多原因。[2]产品损失很大，一般而言高于5%。在阿拉伯国家，小麦从其主要来源市场到目标市场的平均运输时间为78 天，而途中的运输成本为每公吨40 美元。与之形成对比的是，在荷兰，小麦从主要来源市场到目标市场的平均运输时间仅为18 天，而运输成本为每公吨11 美元。（在韩国，平均运输时间为47 天，运输成本为每公吨17 美元）

单一的国家仅降低某一特定成本并不能实现很大改观，如海运成本（虽然它在谷类食物和食用油的最终价格中占了很大一部分）。即使如此，仍然可以通过提高整体物流绩效以及改善贸易环境等政策来降低地区和国内销售的成本。

注释：

1. Fernandez and others 2011.

2. World Bank and FAO 2012.

有效的决策要求与利益相关者进行信息充分沟通的对话，尤其是在私营部门领域。全球参照体系，如 LPI，扮演着非常重要的信息角色。通过向各个国家展示它们与竞争者的对比情况以及强调其关注糟糕的物流成本，LPI 推动了物流的发展，为决策者和私营部门进行改革提供了充足的理由。

2012 年调查的新特点

2012 年的 LPI 问卷调查和之前的两次问卷调查相似：一份包含两个部分（国际部分和国内部分）的标准化问卷。在国际部分，受访者评估 8 个其主要海外市场物流绩效的 6 个关键领域。在国内部分，受访者对他们工作所在国家的物流环境提供量化和定性的数据，如典型的供应链（表框 1.2）中关于时间和成本的信息。调查问卷还收集了国内物流以及进出口贸易的时间和成本负担等数据。私营部门提高了其在 LPI 中的参与度：2012 年，共收到 6000 份反馈回来的评估结果，大约比 2010 年增加了 20%。国际 LPI 的国家覆盖率与 2010 年的情况相同，共涵盖 155 个国家。① 国内 LPI

① 基于回馈的数量不足或数据可靠性方面的考虑，以下国家必须从国际 LPI 样本中剔除：孟加拉共和国、以色列、马里、莫桑比克、尼加拉瓜、索马里、土库曼斯坦、乌干达、赞比亚。

的国家覆盖率提高到了143个国家。

表框1.2 使用物流绩效指数

世界银行物流绩效指数（LPI）从六个构成要素对各个国家进行分析：

1. 海关和边境管理清关的效率
2. 贸易和运输基础设施的质量
3. 安排具有竞争性价格货运的便利性
4. 物流服务的竞争力和质量
5. 追踪货物运输的能力
6. 货物运输在既定或预期时间的到货率

这些构成要素是基于近期的理论和实证研究以及从事国际货运代理业务的物流专业人士的实践经验而确定的。

1993年发展起来的早期方法[1]使用了一种调查问卷的方式——以两点制量表和开放式的问题——来衡量影响各个国家物流友好度的不同构成要素的重要性和影响力。在后续研究[2]中，只有被确认为最能体现物流绩效的那些特征包含在评估标准里。在过去十多年里，这一方法在世界银行及其他机构组织进行的贸易和运输便利化审计的问卷调查中得到进一步改进。[3]

以下图表将六个LPI指标括入两大类别进行描绘：

- 政策法规领域，显示了供应链的主要输入项（海关、基础设施和服务质量）。
- 服务交付绩效结果（对应LPI指标中的时间、成本和可靠性——及时性、国际货运以及追踪与追溯）。

LPI运用了标准的统计技术将数据统合到单个指标里。[4]（参见附录4，对LPI如何计算有详细的描述）这一单个指标可以用来比

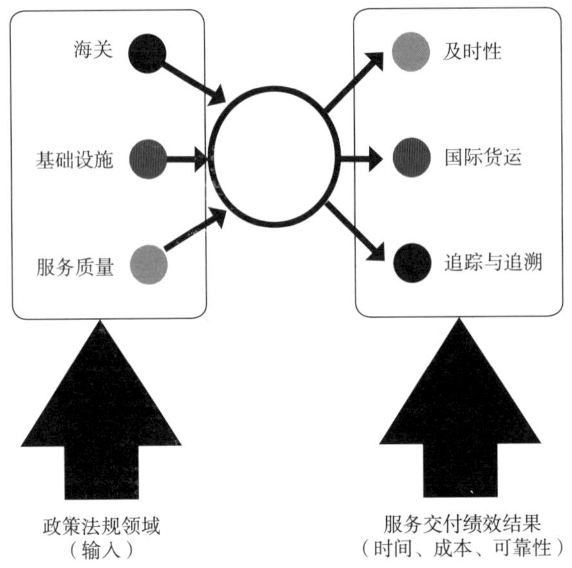

LPI 的输入指标与结果指标

资料来源：作者分析。

较不同的国家、地区和收入组。此外，它还可以应用在国家层面的研究中。

由于陆上运营商是评估物流这些关键方面的最佳选择，LPI 依赖于全球货运公司物流专业人士的结构化在线调查：跨国货运代理公司和主要的快运公司。货运代理公司和快运公司是最有能力评估各个国家绩效表现的公司。它们的观点非常重要，直接影响货运路线、通道的选择并对公司的生产地点、供应商选择和目标市场选择等方面的决策施加影响。它们的参与对于 LPI 报告的质量和可靠性具有极为重要的意义，而它们的参与和反馈对于改进 2012 年版（第三版）的 LPI 报告发挥了重要的作用。来自 143 个国家的将近 1000 名物流专业人士参与了 2011 年进行的问卷调查（为 2012 年的 LPI 报告收集数据），另有 12 个国家也首次加入了问卷调查。

关于2012年LPI调查问卷，详见www.worldbank.org/lpi。

注释：

1. Murphy, Daley, and Dalenberg 1993; Murphy and Daley 1999.

2. Ojala and Queiroz 2000, 2004.

3. Raven 2001.

4. 在所有三个版本的LPI报告中（2007年，2010年和2012年），数据统合产生了一个综合指标——接近各个国家六个LPI构成要素的简单平均数。

为了继续优化LPI问卷调查，2012年LPI调查问卷考虑了使用者、决策者、从业者以及物流专家的反馈意见。在国际部分作了一些轻微调整，受访者评估其最重要的8个海外市场中相同的6个关键因素。增加了关于绿色物流的一个新问题，以了解对环境的关注如何影响了物流运营商的运作方式。① 2012年LPI调查问卷还收集国内部分的新信息，对诸如边境管理之类的议题提供了更多的细节（评价）。此外，Intoterms®②也被用于收集典型供应链中的时间和成本信息。

2012年LPI的主要研究发现

与之前两次的LPI问卷调查一样，高收入国家主导了得分最高

① 这个问题的回馈不被用于计算LPI，而是作为一个机动问题，用以捕捉可能相关的趋势。

② The Intoterms®（国际商业术语）规则是国际认可的标准，并在世界范围内广泛引用于代售物品的国际和国内合同中。Intoterms®规则首次发表于1936年，为最常见的商业术语提供国际上普遍接受的定义和规则解读。这些规则由国际商会召集的专家和从业人士制定和修改，通过明确从售卖方向购买方递送货物过程中涉及的任务、成本和风险，从而帮助贸易商避免代价昂贵的误解。联合国将Intoterms®规则作为对外贸易中解读最常用术语的全球标准（国际商会，2010）。

的 10%（见表 1.1）。确实，2012 年得分最高的 10% 与 2010 年的情况几乎一样。[①] 大多数是基础良好的核心物流竞争者，在全球或地区的供应链中扮演着重要的角色。

表 1.1　　2012 年 LPI 排名前十的最佳绩效者

	2012 年			2010 年			2007 年		
经济体	排名	得分	最佳绩效者百分比（%）	排名	得分	最佳绩效者百分比（%）	排名	得分	最佳绩效者百分比（%）
新加坡	1	4.13	100.0	2	4.09	99.2	1	4.19	100.0
中国香港特别行政区	2	4.12	99.9	13	3.88	92.4	8	4.00	94.1
芬兰	3	4.05	97.6	12	3.89	92.6	15	3.82	88.3
德国	4	4.03	97.0	1	4.11	100.0	3	4.10	97.1
荷兰	5	4.02	96.7	4	4.07	98.5	2	4.18	99.6
丹麦	6	4.02	96.6	16	3.85	91.4	13	3.86	89.6
比利时	7	3.98	95.3	9	3.94	94.5	12	3.89	90.7
日本	8	3.93	93.8	7	3.97	95.2	6	4.02	94.8
美国	9	3.93	93.7	15	3.86	91.7	14	3.84	89.1
英国	10	3.90	92.7	8	3.95	94.9	9	3.99	93.8

资料来源：2007 年、2010 年和 2012 年物流绩效指数。

与之形成对比的是，位于底部的 10 个国家均为低收入国家，其中 8 个位于非洲（见表 1.2）。地理上的障碍以及动乱、武装冲突和历史上的自然灾害限制了这些国家进入市场，进而限制了它

① 2007 年，只有比利时、挪威和卢森堡位列前十之外，但该年比利时和挪威同为第 20 名，而卢森堡则为第 25 名。

们参与全球供应链的能力。

表 1.2　　2012 年 LPI 排名最靠后的十名绩效者

	2012 年			2010 年			2007 年		
经济体	排名	得分	最佳绩效者百分比（%）	排名	得分	最佳绩效者百分比（%）	排名	得分	最佳绩效者百分比（%）
科摩罗	146	2.14	36.5	120	2.45	46.5	85	2.48	46.3
厄立特里亚	147	2.11	35.5	154	1.70	22.4	124	2.19	37.2
苏丹	148	2.10	35.3	146	2.21	38.7	64	2.71	53.6
刚果共和国	149	2.08	34.7	116	2.48	47.4	—	—	—
塞拉利昂	150	2.08	34.5	153	1.97	31.2	144	1.95	29.9
尼泊尔	151	2.04	33.1	147	2.20	38.6	130	2.14	35.7
乍得	152	2.03	32.9	115	2.49	47.9	142	1.98	30.8
海地	153	2.03	32.8	98	2.59	51.1	123	2.21	38.0
吉布提	154	1.80	25.5	126	2.39	44.8	145	1.94	29.5
布隆迪	155	1.61	19.5	—	—	—	113	2.29	40.4

资料来源：2007 年、2010 年和 2012 年物流绩效指数。

正如预期所料，处于中间位置的广大中等收入组国家，包括中高和中低收入国家是由主导 LPI 排行上半部分（见表 1.3 和见表 1.4）的一些快速发展的新兴经济体所引领。贝宁的绩效在低收入国家中居于首位（见表 1.5）。

表 1.3　　2012 年 LPI 排名前十的中高收入绩效者

	2012 年			2010 年			2007 年		
经济体	排名	得分	最佳绩效者百分比（%）	排名	得分	最佳绩效者百分比（%）	排名	得分	最佳绩效者百分比（%）
南非	23	3.67	85.5	28	3.46	78.9	24	3.53	79.4
中国	26	3.52	80.5	27	3.49	79.9	30	3.32	72.8
土耳其	27	3.51	80.3	39	3.22	71.4	34	3.15	67.5
马来西亚	29	3.49	79.8	29	3.44	78.4	27	3.48	77.7
保加利亚	36	3.21	70.7	63	2.83	58.8	55	2.87	58.6
泰国	38	3.18	69.6	35	3.29	73.6	31	3.31	72.5
智利	39	3.17	69.5	49	3.09	67.3	32	3.25	70.5
突尼斯	41	3.17	69.4	61	2.84	58.9	60	2.76	55.3
巴西	45	3.13	68.2	41	3.20	70.6	61	2.75	54.9
墨西哥	47	3.06	66.0	50	3.05	65.7	56	2.87	58.6

资料来源：2007 年、2010 年和 2012 年物流绩效指数。

表 1.4　　2012 年 LPI 排名前十的中低收入绩效者

	2012 年			2010 年			2007 年		
经济体	排名	得分	最佳绩效者百分比（%）	排名	得分	最佳绩效者百分比（%）	排名	得分	最佳绩效者百分比（%）
印度	46	3.08	66.4	47	3.12	67.9	39	3.07	64.9
摩洛哥	50	3.03	65.0	na	na	na	94	2.38	43.4
菲律宾	52	3.02	64.8	44	3.14	68.8	65	2.69	52.9
越南	53	3.00	64.1	53	2.96	63.1	53	2.89	59.2

续　表

	2012 年			2010 年			2007 年		
经济体	排名	得分	最佳绩效者百分比（%）	排名	得分	最佳绩效者百分比（%）	排名	得分	最佳绩效者百分比（%）
阿拉伯埃及共和国	57	2. 98	63. 3	92	2. 61	51. 8	97	2. 37	43. 0
印度尼西亚	59	2. 94	62. 2	75	2. 76	56. 5	43	3. 01	63. 0
也门共和国	63	2. 89	62. 3	101	2. 58	50. 8	112	2. 29	40. 4
乌克兰	66	2. 85	59. 3	102	2. 57	50. 6	73	2. 55	48. 7
巴基斯坦	71	2. 83	58. 4	110	2. 53	49. 1	68	2. 62	50. 7

资料来源：2007 年、2010 年和 2012 年物流绩效指数。

表 1. 5　　2012 年 LPI 排名前十的低收入绩效者

	2012 年			2010 年			2007 年		
经济体	排名	得分	最佳绩效者百分比（%）	排名	得分	最佳绩效者百分比（%）	排名	得分	最佳绩效者百分比（%）
贝宁	67	2. 85	59. 3	69	2. 79	57. 4	89	2. 45	45. 3
马拉维	73	2. 81	57. 8	na	na	na	91	2. 42	44. 5
马达加斯加	84	2. 72	55. 1	88	2. 66	53. 2	120	2. 24	39. 0
尼日尔	87	2. 69	54. 1	106	2. 54	49. 4	143	1. 97	30. 5
坦桑尼亚	88	2. 65	52. 9	95	2. 60	51. 4	137	2. 08	34. 0

续　表

经济体	2012 年			2010 年			2007 年		
	排名	得分	最佳绩效者百分比（%）	排名	得分	最佳绩效者百分比（%）	排名	得分	最佳绩效者百分比（%）
几内亚比绍共和国	94	2.60	51.1	149	2.10	35.4	116	2.28	40.0
多哥	97	2.58	50.5	96	2.60	51.4	119	2.25	39.0
中非共和国	98	2.57	50.3	na	na	na	na	na	na
柬埔寨	101	2.56	50.0	129	2.37	44.0	81	2.50	47.0
津巴布韦	103	2.55	49.6	na	na	na	114	2.29	40.3

资料来源：2007 年、2010 年和 2012 年物流绩效指数。

图 1.1 显示了 LPI 得分的累积性分布。垂直线标示五个分区的分界线——各个分区包含同样数目的 LPI 评分国家。最底部的五分区 LPI 得分最低，最顶部的五分区 LPI 得分最高。

LPI 得分的分布分为四个类别（在各个版本的 LPI 报告中均采用这一分类法）。

- 物流不友好——包括存在严重物流限制的国家，如最不发达国家（LPI 最底部的五分区）；
- 不完全绩效者——包括带有一定物流限制的国家，最常见于中低收入国家（LPI 的第三个和第四个五分区）；
- 一致的绩效者——包括在其收入组中物流绩效得分较高的国家（LPI 的第二个五分区）；
- 物流友好——包括高绩效者，大多为高收入国家（LPI 最

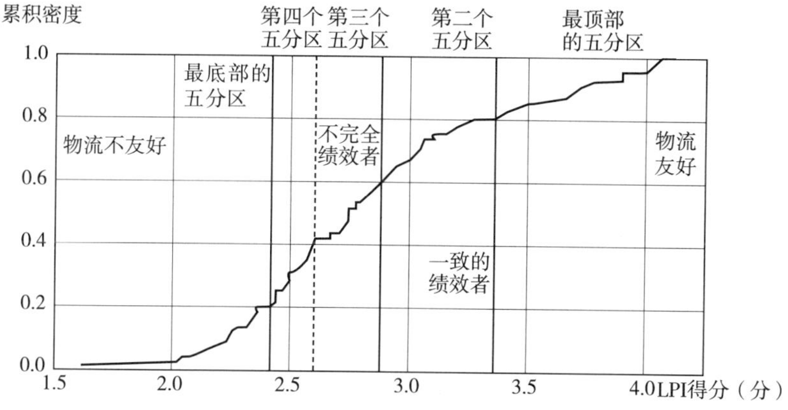

图 1.1　2012 年 LPI 分值的累计分布

资料来源：2012 年物流绩效指数。

顶部的五分区）。

物流绩效不可能一夜之间得以改进

贸易便利化对于经济发展至关重要。物流绩效指数较高的国家，其经济发展更快，更具有竞争力，吸引投资更多。将低收入国家的物流绩效提升至中等收入国家的水平可以增加大约 15% 的贸易额。① 这将使得公司和消费者都受益——消费者将以更低的价格获得更好的服务。

对于这样的持续改进，决策者和私营部门的利益相关者应当进行长期的综合性改革（表框 1.3）。要使得产品以有效、可靠和经济节约的方式进入市场，国家必须降低贸易成本，使出口更具竞争力，并采取贸易扶持的政策。对贸易便利化进行改革尤其可以帮助提振贸易竞争力。②

---

① Hoekman and Nicita 2011.

② Reis and Farole 2012.

表框 1.3 印度尼西亚的物流进步

印度尼西亚的领袖们采用 LPI 数据来监测政府绩效及改善物流——提高全民意识和助推项目，从而让国家的主要港口变得更有效率。在《世界银行物流绩效指数报告——联结以竞争：全球经济中的贸易物流（2007 年）》发布不久之后[1]，印度尼西亚启动了一个雄心勃勃的公共与私营部门之间的对话，主题是贸易便利化和物流。这个国家制订了一个行动计划，考察国际贸易通过其港口的成本以及一个大型群岛特有的物流成本。它采用 LPI 的国内物流成本这一构成要素衡量本国贸易部门的绩效，而从 2010 年以后它开始使用 LPI 的整套评分体系。

2008 年，世界银行提出了改进丹戎不碌（印度尼西亚 2/3 国际贸易都经此港口，并且该港口集装箱运输业务增长迅速）运作的建议。这个港口项目的一个主要目标是减少停留时间，即集装箱从港口撤离的平均时间。2011 年，丹戎不碌的停留时间为 6 天，比印度尼西亚同区域同行所需时间更长（新加坡为 1 天，马来西亚为 4 天，泰国为 5 天）。为了缩短停留时间，港口运营商提高了仓储费用（以阻止托运商把集装箱长时间停放在港口），并引进了新的信息技术系统（用于更好地监测和指导港口运输）。预计到 2017 年港口的扩容计划将足以让集装箱的容量翻一番。

然而，无论是仓储费用还是运输量监控，都无法从根本上减少在丹戎不碌的延误。[2]在货物抵达之后，进口集装箱便在预清关（集装箱从船上卸载到向海关提交进口报关单之间的时间）中耗费了大部分等待时间（大约为 3.5 天）。烦琐的海关清关手续在很大程度上导致了延误，而托运商和进口商没有及时提交航运舱单也是延误的原因之一。

世界银行和印度尼西亚政府正共同合作建立港口社区（涵盖公共与私营部门的参与者），以便领导者们可以一起讨论问题，监控运输状况，并跟进改革措施。

注释：

1. Arvis and others 2007.

2. Sandee，Oliver，and Cubillos Salcedo 2012.

在国际 LPI 中，从构成要素和组别方面而言都存在着显著的区别——尤其是在最底部的两个五分区（见图 1.2）。在这两个五分区中，落后于其他指标的两个构成要素是海关和边境管理清关的效率（构成要素 1）以及物流服务的能力与质量（构成要素 4）。在上述两个五分区里，优于其他指标的两个构成要素是安排具有竞争性价格货运的便利性（构成要素 3）以及货物在规定或预期时间内抵达的频率（构成要素 6）。

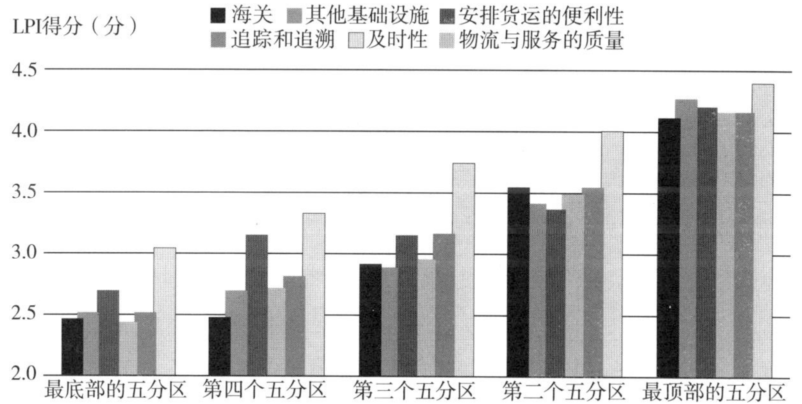

图 1.2　根据 LPI 五分法得出的 LPI 构成要素分值

资料来源：2012 年物流绩效指数。

随着整体物流绩效的改进，与海关和其他边境机构相比，物流绩效其他方面的改进更为迅速。基础设施在最底部的两个五分区中处于落后地位，反映了发展中国家尤其是最贫穷国家硬件基础设施需要持续投资的需求。

2007—2012 年，最底部的两个五分区在两个构成要素方面进步最大：海关和边境管理清关的效率（构成要素 1）以及贸易与交通基础设施（构成要素 2；见图 1.3）。对于低收入国家而言，将边境清关手续流程化以及确保对市场的物理访问对于弥补基本的能力缺陷是必要的。与此形成对比，中高收入国家以及中低收入国家（在较低程度上）在物流服务方面的能力和质量（构成要素 4）上进步最快。确实，中等收入国家已经将其重点从基础的硬件基础设施投资转移到基于管理改革的软性基础设施的改进上。

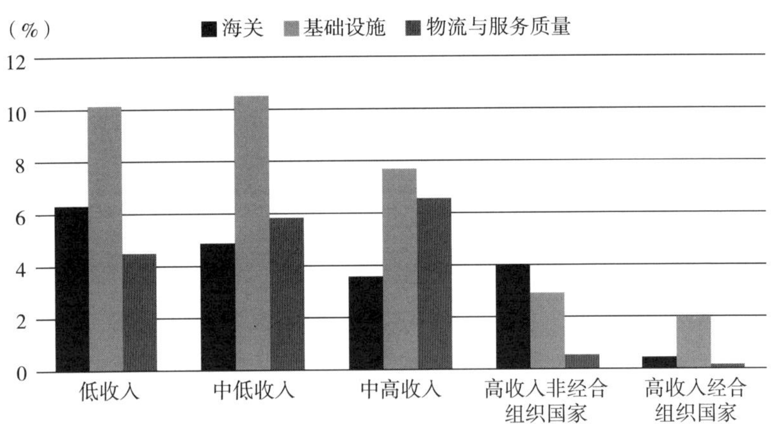

图 1.3　2007—2012 年 LPI 分值的百分比变化

（根据 LPI 构成要素和收入组）

资料来源：2007—2012 年物流绩效指数。

物流环境的变化并非是单维度的，而是随着收入组和 LPI 五分区的变化而变化。LPI 调查问卷各个五分区中，认为物流环境的特定要素在 2012 年比 2010 年得到改善或是颇多改善的受访者的百分比（见表 1.6）显示，在顶部的两个 LPI 五分区的进步比其他分区大得多。而且，尽管有持续的进步，但改善的步伐在底部两个五分区却大幅减缓——尤其是在最底部的五分区。

表 1.6　LPI 五分区中认为 2009 年以来物流环境得到改善或较大改观的受访者　单位：%

	最底部的五分区	第四个五分区	第三个五分区	第二个五分区	最顶部的五分区
海关	27	43	63	57	65
其他边境手续	22	31	41	48	52
交通基础设施	41	40	54	47	56
ICT 基础设施	67	65	71	79	68
私营物流服务	53	70	71	74	67
物流监管	26	31	39	36	41
腐败的发生率	12	35	36	35	37

注：ICT 指的是“信息和通信技术”。

资料来源：2012 年物流绩效指数。

“物流鸿沟”继续

平均而言，高收入国家较低收入国家的 LPI 得分高出许多（见图 1.4）。高收入国家的绩效得分比低收入国家高出 43%，比中低收入国家高出 34%，比中高收入国家高出 24%。在高收入的 OECD 国家中，几乎 80% 的国家在全球物流绩效排名中位于最顶部的五分区（见图 1.5）。

仅仅凭收入无法解释物流绩效

尽管一直存在物流鸿沟，但仅仅靠收入无法解释为何绩效在

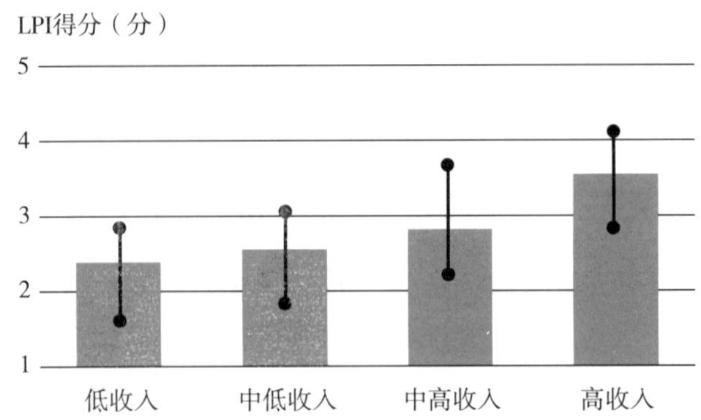

图 1.4　2012 年不同收入组的 LPI 分值（平均值、最小值/最大值）

注：垂直线表明最小/最大范围。

资料来源：2012 年物流绩效指数。

某些收入组的不同国家中存在着明显的不同，尤其是在低收入组和中等收入组中。高收入国家主要集中在 LPI 最顶部的五分区中，但其他收入组则较为分散。中高收入国家和中低收入国家的 LPI 分布从最底部的五分区到最顶部的五分区皆有。即使是低收入国家，其 LPI 分布也跨越除最顶部五分区之外的所有五分区（见图 1.5）。

相比较于所在收入组的其他国家，绩效优异的非高收入国家包括：越南、印度、中国和南非（见图 1.6）。① 绩效不佳的非高收入国家包括：吉布提、刚果共和国、伊拉克、安哥拉、古巴、黑山、利比亚、加蓬、委内瑞拉、玻利维亚共和国和俄罗斯联邦。同一收入组中不同国家的分布情况表明，和收入一样，政策也影响着物流的绩效。

尽管收入组中存在着显著的差异，但仅以 LPI 得分确定绩效

① 绩效优异者群组中的其他国家——大多为低收入及中低收入国家，不计在内。因为除了收入和 LPI 得分之间的统计关系之外，没有确切的证据表明这些国家进行了任何与其较好的绩效相关联的改革。

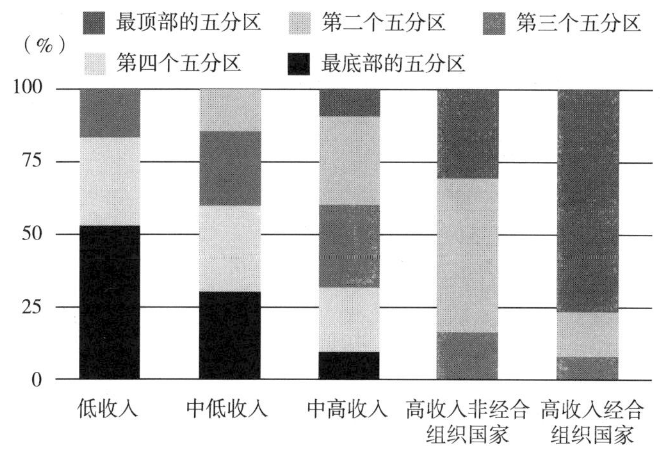

图 1.5　不同收入组在 LPI 五分区中的分布

资料来源：2012 年物流绩效指数。

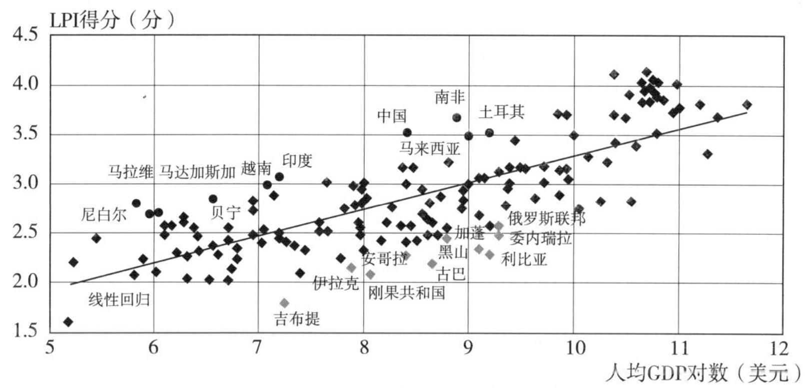

图 1.6　LPI 绩效优异者与绩效不佳者

注：拟合值是基于最小二乘回归，采用适用所有国家的数据。绩效不佳者（黑钻石表示）为 10 个具有最小剩余的非高收入国家，绩效优异者（黑色圆圈表示）为 10 个具有最大剩余的非高收入国家。

资料来源：2012 年物流绩效指数。

优异和绩效不佳国家时，应当谨慎以对。例如，在一个地域较广、差异较大的国家，高 LPI 得分或许并不意味着整体出色的绩效。

最优相对 LPI 得分与最差相对 LPI 得分之间的差距几乎与 2010 年的状况一样

计算绩效基本变化的另一个措施是 2010 年引入的相对 LPI 得分。相对 LPI 得分通过将 LPI 得分标准化而得到：相对 LPI = 100 ×（LPI - 1）/（最高 LPI 得分 - 1）。因此，绩效最佳者对应相对 LPI 得分的最大值，即 100%（新加坡）。就 2012 年而言，相对绩效最差者为布隆迪，其相对 LPI 得分为 19%。2012 年，最佳绩效者和最差绩效者之间的差距大约和 2010 年的情形一样（不过比 2007 年小多了；见图 1.7）。绩效优异者的表现依然良好，而发展中国家则缓慢跟上。但是，绩效最佳者和绩效最差者之间的差距依然较大，缩小二者之间的差距将需要较多的时间和资源。

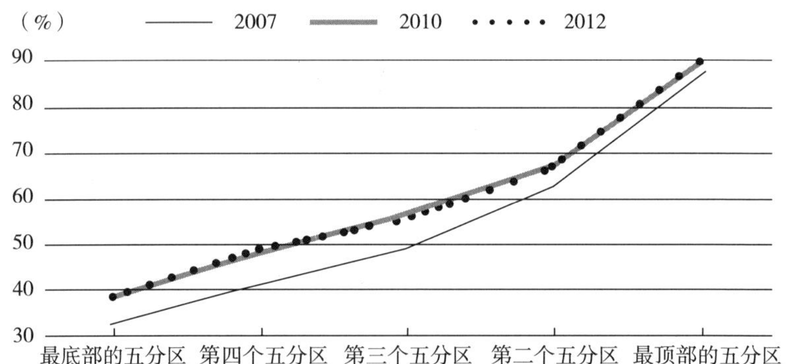

图 1.7 2007 年、2010 年及 2012 年的 LPI 得分
（作为五个分区最高 LPI 得分的百分比）

资料来源：2007 年、2010 年和 2012 年物流绩效指数。

各个国家2010年和2012年LPI得分之间的关联度大约为90%，而对应的排行关联度大约为85%。尽管各个国家的LPI排名和得分乍看上去变化很大，但如同其他基于问卷调查的数据组，LPI受限于样本误差。只有当2010年和2012年的置信区间没有重叠时，才可以推定出现了统计意义上的重大变化——无论是正面的还是负面的（表框1.4）。

表框1.4 LPI评分与排行的精确度如何

尽管LPI及其构成要素现在为国家层面的物流和贸易便利化环境提供了综合性和可比较的数据，但其有效性仅限于特定的领域。首先，国际货运代理公司的经验也许并不能代表贫穷国家中更为广阔的物流环境（它们通常依赖于传统运营商）。国际运营商和传统运营商在与政府部门打交道时存在差异——它们的服务水平也同样存在差异。发展中国家国际网络的大部分代理和分支机构服务于大公司，而这些公司是在不同的水平上运作的（包括时间和成本）——这不同于传统贸易网络。

其次，对于内陆国家和小岛国而言，LPI也许可以反映本国之外的国家的准入问题，如过境运输困难。内陆国家获得的低评分如卢旺达，也许并不能准确地反映其贸易便利化改革的努力。卢旺达的贸易必须继续依赖于穿越坦桑尼亚、肯尼亚和乌干达的长长的国际运输线路。

为了减少LPI以问卷调查为基础形成的数据组产生的样本误差，LPI的分值采用了大约80%的置信区间（参见附录4）。这些置信区间界定了一个国家LPI分数及排名的上界与下界。[1]对置信区间必须仔细考察，以确定分值的变化或两个分值之间的差异在统计意义上是否重要。只有当一个国家2012年LPI分值的下界超过

2010 年分值的上界时，才可以推定这个国家的绩效实现了统计意义上的重大改进。

鉴于 LPI 有限的有效性域以及用以减少样本误差的置信区间的必要性，一个国家的精确排名与决策者的关联度，不如它在更广泛的绩效组中与其他国家的接近性或其统计意义上的重大改进的关联度密切。

注释：

1. LPI 排名的上界的计算方法是：把一个国家的 LPI 分值提高到上界，同时保持其他国家分值不变，然后重新计算 LPI 排名。下界采取类似的方法计算。

认识到贸易便利化和物流的重要性后，决策者的目标是部署可以推动绩效发展的结构。LPI 及其构成指标自 2007 年由世界银行推出以来，迅速获得了决策者和专业人士的认可，从国家层面到地区层面，乃至全球层面（表框 1.5）。

表框 1.5　2007 年、2010 年 LPI 的政策应用：区域与全球视角

2007 年和 2010 年的 LPI 数据在国际上被广泛参照。世界经济论坛的《全球权能贸易报告》，自 2009 年以来每年出版一次。该报告在其“权能贸易综合指数”中采用 LPI 数据来考察影响国际经济融合的供应链绩效的重要方面。[1]

亚太经济合作组织也采用 LPI 的数据衡量“供应链联结性项目”的绩效。该项目的目标是在未来 5 年里把供应链交易的时间、成本和不确定性减少 10%。

世界银行在其发布的《世界发展指标》中使用 LPI 数据，并将其作为一些国家报告（如《国家经济备忘录》或《国家援助策略》）的一项标准绩效指标。[2]

发达经济体也使用LPI数据。“厄勒经济流动性计划”——瑞士和丹麦携手发起的一项旨在提高气候友好运输（包括货物与旅客）竞争力的跨境项目，在其正在研究的“物流可持续性绩效指数”中采用了2007年和2010年的LPI数据。[3]

注释：

1. World Economic Forum 2010.
2. See，for example，World Bank（2011）.
3. www. cbs. dk/Forskning/Institutter/EcoMobility.

第二部分

解析物流绩效的各个指标

LPI 得分和国家排名的六个主要构成指标来自调查问卷的“国际部分”，相关信息由国外的物流专业人士提供。

与之形成对比的是，在国内的 LPI 中，接受问卷调查的物流专业人士评估他们工作的国家的物流环境。因此，“国内部分”包含各个国家的物流环境、核心物流流程与机构以及绩效时间与成本等更为具体的信息。这种方法考察各个国家内部的（而不仅仅是通道，如港口或边境）物流限制。它分析了整体物流绩效四个主要决定性因素，以此判断一个国家的物流绩效：基础设施、服务、边境手续和时间以及供应链的可靠性。

基础设施

位于最顶部的五分区的国家的受访者对其工作所在国家基础设施的评分远远高于另外四个五分区国家受访者的相关评分（见表 2. 1）。其他四个五分区国家的差异没有那么显著，尤其是公路和铁路联络线。尽管基础设施仍然是发展中国家的物流缺陷，但似乎正在不断得到改善。

表 2.1　　LPI 五分区中评价基础设施类型的质量为“高”或“非常高”的受访者　　单位：%

	港口	机场	公路	铁路	仓储与转运	ICT
最底部的五分区	12	9	9	12	10	18
第四个五分区	12	10	6	1	12	26
第三个五分区	24	33	19	10	31	44
第二个五分区	27	31	23	3	32	67
最顶部的五分区	72	76	69	32	70	77

注：ICT 指的是“信息和通信技术”。

资料来源：2012 年物流绩效指数。

2010 年以来，受访者对许多基础设施类型的满意度提升了——尽管在不同的五分区程度各不相同（参见 2010 年研究报告的表 2.1）。所有五个 LPI 五分区的受访者最满意的是 ICT 基础设施：在底部的四个五分区里，对 ICT 基础设施质量评分为“高”或者“非常高”的受访者的数量至少是其他基础设施类型人数的两倍。与之形成对比的是，铁路基础设施激发了总体上的不满意度：受访者中，对铁路基础设施评价为“高”或者“非常高”的人数至多仅为对其他基础设施类型如此评分的人数的一半。除了底部的两个五分区，公路基础设施比其他大多数类型的基础设施更让受访者感到满意。在最底部的五分区里，基础设施总体上无法满足人们的期待——这是变化模式中的一个例外。

如果不计高收入国家，当世界银行区域对国内 LPI 的基础设施数据进行分解时，相似的模式出现了（见表 2.2）。所有地区的最高得分都分布在 ICT 上——撒哈拉以南的非洲地区的得分落后于其他地区的得分。其他基础设施类型的得分在不同区域差异较大，但有两个特点非常突出。一是在南亚、中东和北非，对公路基础设施的满意度尤其低。二是相比于其他地区，中东、北非、欧洲和中亚地区对铁路基础设施的满意度较高，不过仍然比对其他基础设施类型的满意度低。

表 2.2　世界银行发展国家地区中评价基础设施类型的质量为“高”或“非常高”的受访者

单位：%

	港口	机场	公路	铁路	仓储与转运	ICT
东亚和太平洋	18	22	14	3	15	41
欧洲和中亚	14	33	15	12	27	43
拉丁美洲和加勒比	21	24	15	4	19	39
中东和北非	25	29	5	10	19	39
南亚	16	23	7	8	11	35
撒哈拉以南的非洲地区	18	10	12	1	15	28

注：ICT 指的是“信息和通信技术”。

资料来源：2012 年物流绩效指数。

服　务

核心物流服务提供商的质量和竞争力是国家整体绩效的另一个重要部分。对位于底部的三个 LPI 五分区国家而言，货运代理比其他类型的服务提供商得到的评分要高得多（见表 2.3）。[①] 其他提供商类型在各个五分区的得分变化很大，不过和铁路基础设施一样，铁路运输提供的服务也相应获得了低评分。在基础设施方面，到目前为止，最顶部的五分区国家在服务提供商质量和竞争力方面的得分最高。

① 尽管 LPI 调查中国的回应者是货运代理商和快运商，服务提供者的质量和竞争力却通过其竞争对手来进行评估。

表 2.3　LPI 五分区中将每种服务提供商类型的质量和竞争力评价为“高”或“非常高”的受访者　单位：%

	公路运输	铁路运输	航空运输	海运及港口	仓储、转运和配送	货运代理商	报关行	贸易与运输协会	承运商或托运商
最底部的五分区	14	10	18	15	7	27	20	11	21
第四个五分区	21	6	27	25	15	36	17	14	24
第三个五分区	23	17	43	46	44	62	45	32	39
第二个五分区	24	15	45	34	36	47	32	17	31
最顶部的五分区	66	37	78	74	68	77	70	59	56

资料来源：2012 年物流绩效指数。

所有的受访者（除了来自最底部的五分区国家的受访者）对服务提供商的满意度比对基础设施质量的要高得多（比较表 2.1 和表 2.3）。总体而言，同样的差距在世界银行区域也存在（见表 2.4）。这些数据表明有必要发展与运输相关的基础设施。对服务和基础设施满意度的差别在空运和海运领域尤为明显——在一些地区，则是公路和铁路运输。不同于 2010 年的 LPI，2012 年的 LPI 显示了对铁路基础设施和铁路服务的满意度存在着显著的差异——这一特点存在于 LPI 所有五个五分区中。但是，铁路基础设施和铁路服务的得分都很低，即使是在最顶部的 LPI 五分区中也是如此——这与欧洲把长期重点从铁路货运转移到卡车运输的转变相一致。

表 2.4　世界银行发展国家地区中评价服务质量"高"或"非常高"的受访者与评价基础设施质量"高"或"非常高"的受访者之间的差异　单位:%

	公路运输	铁路运输	航空运输	海运及港口	仓储、转运与配送
东亚和太平洋	6	17	2	2	5
欧洲和中亚	16	10	18	8	12
拉丁美洲和加勒比	21	11	0	-2	13
中东和北非	-4	2	10	-3	-9
南亚	14	6	12	0	4
撒哈拉以南的非洲地区	8	10	2	10	-2

资料来源：2012 年物流绩效指数。

把服务提供商绩效的 LPI 指标与外部衡量指标（如世界银行的空运联结指数——该指数以 0 ~ 1 变量衡量了各个国家对全球空运网络的向心性）[①] 进行比较也是有帮助的。对空运服务提供商的较高的满意度与较高的空运联结指数得分密切相关（见图 2.1）。此外，与空运联结指数得分正相关的还有空运基础设施的质量。因此，改进一个国家的联结性要求必须改进其基础设施，如机场。同时，还要求改进国内的法制环境，关注竞争、进入壁垒以及增加贸易成本的政策。

理解经济的联结性对于理解全球供应链而言变得越来越重要。物流绩效衡量各个国家在全球网络中的联结性，而联结性则在考虑各个国家在服务网络中的位置的基础上，评估了它们在市场定位中的适当度（空运、海运）。自适用于船运网络的 2004 年

① Arvis and Shepherd 2011.

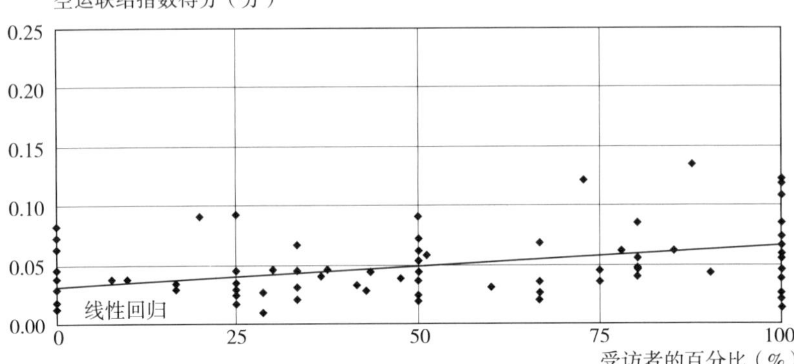

图 2.1　不同国家的世界银行空运联结指数得分与对空运服务提供商的质量和竞争力给予“高”或“非常高”评价的受访者之间的关系

资料来源：Arvis ~ Shepherd2011；2012 年物流绩效指数。

邮轮运输联结指数推出以来，联合国贸易和发展会议得到了不断发展。《联结以竞争：全球经济中的贸易物流（2010 年）》显示了船运联结性和供应链可靠性之间存在着一种关联，这和空运的情形是一致的。联结性影响 LPI 中所示的国内物流结果，但并不完全是外源性的。确实，国家政策和跨境安排也影响联结性，不管是空运、海运还是陆上运输（这在很大程度上取决于边境协定）。

边境手续和时间

LPI 涵盖了边境手续和时间的若干指标。

进口与出口时间

衡量物流绩效结果的一个有用标准是完成贸易交易所需的时

间。如 LPI 所度量的，港口和机场供应链的进口交货周期中值在低绩效国家比在高绩效国家增加了 3.5 倍的时间（见图 2.2）。对于陆路供应链而言，进出口交货周期中值之间的差异大约为3 倍。这些时间和距离相关联，其关联系数为 0.6。这种关联表明，地理位置上的障碍，也许还有内部运输市场的障碍，是许多国家依然面临的重大困难。

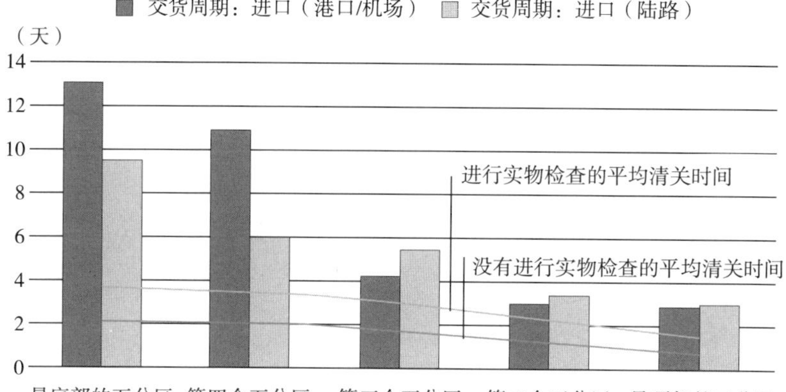

图 2.2　LPI 五分区的进口交货周期中值与平均清关时间

资料来源：2012 年物流绩效指数。

除了途中涉及的地理位置和速度，影响进口交货周期的另一个因素是边境手续。在手续办理的各个阶段，时间都可以缩短，在抵达货物的清关环节尤其如此（见图 2.2）。低物流绩效国家必须改革其边境管理，从而减少烦琐程序、过多令人费解的手续要求和实物检查。尽管所有 LPI 五分区中通过海关对货物进行清关的时间仅占总体进口时间的一小部分，但如果货物被实物检查的话，所需时间将急剧攀升。核心海关手续在各个五分区中大同小异。但比较而言，在低绩效国家进行实物检查更为普遍，甚至同一货船上的货品由多个不同的机构重复检查（见表2.5）。

表2.5　LPI五分区中认为所列海关手续可以获得并正在使用的受访者　　单位:%

	最底部的五分区	第四个五分区	第三个五分区	第二个五分区	最顶部的五分区
报关申请的在线处理	38	68	86	83	98
进/出口手续和要求的在线发布	27	62	77	75	97
评审/申请的可获得性	47	48	73	69	87
运达前的处理	22	58	54	52	86
正式的对话流程	42	66	68	57	85
支持文件的在线处理	13	27	53	36	78
最终清关地点的选择	51	68	63	66	76
最终清关前的担保发布	47	66	61	49	69
在清关中使用有资质报关行的要求	79	89	73	82	59
使用参考价格或其他专断价格的估价	68	82	65	66	34
实物检查（货运百分比）	38	39	19	17	7
多重实物检查	14	19	8	8	4

通常而言，出口供应链比进口供应链的手续较为简化，因此出口的交货周期比进口的交货周期时间要短（见图2.3）。但是，出口的交货周期再次呈现出我们所熟悉的物流鸿沟——低收入国家比高收入国家需要多花3~4倍时间（见图2.4）。而且，低收入国家和其他国家之间的差距比中等收入国家和高收入国家之间的差距要大得多。许多低收入国家的出口交货周期都很长，这削弱了它们的出口竞争力和参与国际贸易的能力。

和交货周期不同（这在世界范围内差异很大），海关手续变得越来越相近（见表2.5）。海关清关中最大的绩效差距体现在最底

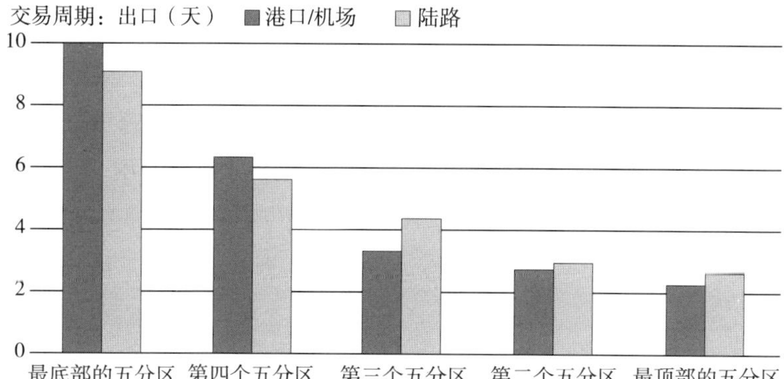

图 2.3 LPI 五分区的出口交货周期中值

资料来源：2012 年物流绩效指数。

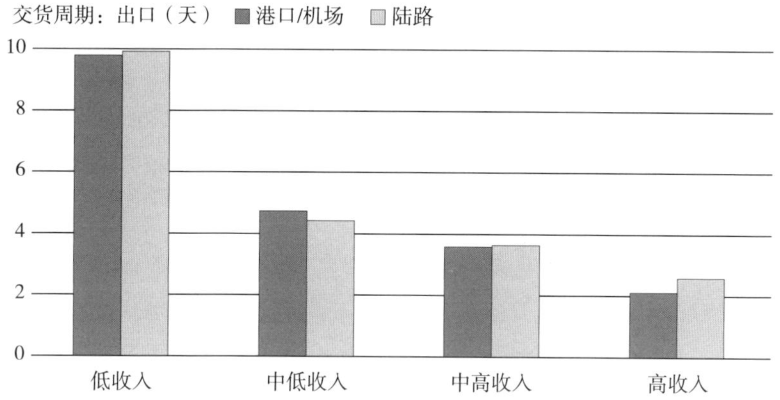

图 2.4 不同收入组的出口交货周期中值

资料来源：2012 年物流绩效指数。

部的 LPI 五分区与其他另外四个五分区之间。甚至有些手续（如最终清关地址的选择）比其他手续（如联机处理）之间的差距要小得多。货物的估价依然存在不同，除了最顶部的五分区国家外，参考价格或其他任意抬高价格的行为普遍可见。

虽然海关手续变得越来越相近，但许多国家仍然发现其供应链绩效受限于其他边境机构。海关不是卷入边境管理中的唯一机构。所有边境管理机构之间的合作——标准、运输、健康以及卫生和动植物检疫（SPS）——对于改革而言都是至关重要的（表框2.1）。同样重要的是对实现监管服从性的现代方法的引进（表框2.2）。

表框2.1 边境机构合作的创新方法：菲律宾与印度尼西亚

2010年和2011年，菲律宾政府研究并开始实行一个全国性的贸易单一窗口系统。该系统已经完成33个政府机构的进出口许可和执照申请的自动化处理。上述的许多机构直到2011年才实现办公室功能的自动化，但目前都已经连接到系统，并且有80多个以纸质处理的流程已经完全实现自动化。贸易商可以在线进入系统——首先是提交并支付许可应用，然后追踪批准和清关信息。关键绩效指标表明，这一系统已经缩短了贸易商申请以及获批各种许可证和执照的时间。

印度尼西亚政府也启动了一个全国性的单一窗口系统。如今，这一系统将全国海关系统与超过25个政府机构联结在一起。新系统的实施使得各个部门在不同时间发布的贸易法规之间的矛盾公开化，揭示了对与贸易相关法规进行经常性评估和协调的必要性。这一系统还建立了可供私人部门定期咨询的机制。咨询机制最初的目的在于弥补系统执行中的缺陷，但很快演变为一个综合性较强的论坛，贸易商可以借此与政府官员讨论贸易法规。这些讨论使得一些法规得以简化，并且其中有些被废止。

在上述两个国家中，海关主持全国单一窗口系统的信息和通信技术基础设施。同时，在这两个国家中，这一系统的设计和发展均涉及公共和私人利益相关者。菲律宾的系统由海关领导，印度尼西亚则由经济事务协调部（直接由产业与贸易事务副部长领导）领导。尽管两个国家采用不同的协调机制，但都极大地改善了边境管理，同时没有借助于昂贵甚或具有破坏力的组织重组。

表框 2.2　撒哈拉以南非洲地区的海关改革：喀麦隆海关的关键绩效指标

喀麦隆海关自2010年以来一直在加大税收，推进贸易便利化，以及打击腐败。它是怎么做的？答案是通过引进个人绩效合同以及依赖于可验证的指标。

2007年，喀麦隆开始改革海关，安装新的海关清关系统，不仅以此追踪每批货物的手续流程，而且还用以衡量海关官员的绩效。[1]绩效指标衡量了一线官员如何实施上级管理层发起的改革。

最初的量化阶段取得了一定的成果，但下一个阶段却停滞不前。2010年，喀麦隆海关进行了一项实验，旨在为改革制造新的影响力。这项实验在杜阿拉的7个港口管理局中的2个管理局中进行，引入了个人绩效合同以衡量海关官员的行动与行为。绩效指标从计算机系统提取，重点关注贸易便利化（尤其是文件处理速度）、反欺诈及其他失职行为。

几个月之后，那些和个人绩效合同相关联的喀麦隆海关办公室在减少腐败、征税以及贸易便利化方面的指标都要好于那些没有相关合同约束的办公室（控制组）。据评估，杜阿拉港的税收比2009年同期增长了6.2%，不过进口集装箱的数量则降低了3%。实验期间增加的收入预计超过2300万欧元。[2]

这一实验对喀麦隆海关官员和贸易利益相关者产生了重大的影响，表明变化是可能和可获利的。海关改革应该在三个原则的基础上采取综合性的方法：

• 加强问责制。拥有外部审计或议会的严格审查，并且系统地在媒体发布税收数据以及其他海关绩效数据。

• 使署长（海关领导）和代理人（一线海关官员）之间的信息更加对称。生成经济活动和行为方面的精确信息。

• 制定新的人力资源政策。改变对一线海关人员的激励机制，并定期使用客观数据监控全体员工的绩效。

注释：

1. Cantens and others 2011.

2. 试行期间（其他各项条件同等）预计增加的收入是指实验期间征得的收入减去实验期间报单的数量，再乘以2009年的平均税收。

海关通常比其他边境机构获得更高的满意度（见表2.6）。但是，对于最顶部的五分区国家（其边境清关已经受到广泛的政策关注）而言，其差距相对较小。在这一点上，最顶部的五分区再次表现突出。

表2.6　LPI五分区中评价三个边境机构的质量与竞争力质量为“高”或“非常高”的受访者

	海关机构	质量和标准检验机构	健康/卫生和动植物检疫机构
最底部的五分区	19	17	11
第四个五分区	21	16	14
第三个五分区	41	31	29
第二个五分区	32	22	17
最顶部的五分区	68	62	59

资料来源：2012年物流绩效指数。

海关与其他边境机构满意度的差距尤其是与健康/卫生和动植物检疫机构之间的差距尤为显著，这一点可能妨碍了许多国家实现更有效的进口手续。与之形成对比的是，质量和标准检验机构获得了较高的满意度评分。其中一个原因是：对于不易腐烂和对时间不敏感的产品而言，所需的检查手续较少。另一个原因是：健康/卫生和动植物检疫机构的自动化速度缓慢。

把2012年LPI报告的表2.6和2010年LPI报告的表2.4进行比较可以发现，领先的绩效者和落后的绩效者之间的物流差距不仅持续一致，而且随着时间的推移而扩大。自2010年以来，最顶部的五分区国家越来越多的受访者对海关机构（从62%上升到68%）以及健康/卫生和动植物检疫机构（从57%上升到59%）的绩效表示满意，同时他们对质量和标准检验机构的满意度保持不变。但是，在最底部的五分区，受访者对所有三个边境机构的满意度评分都有所降低（海关从26%跌至19%，质量和标准检验机构从24%跌至17%，健康/卫生和动植物检疫机构从15%跌至11%）。

烦琐程序

烦琐程序的指标同样表明边境机构协调功能的缺失，其结果是私营物流运营商承受着相应的负担。通常而言，在最顶部的LPI五分区中，运营商需要打交道的政府机构数量大概是在最底部的LPI五分区中需要打交道的政府机构数量的一半（见图2.5）。相似地，最顶部的五分区国家的进出口交易通常要求2~3个文件；最底部的五分区国家的进出口交易则要求4~5个文件。

不过，将2010年LPI与2012年LPI中的烦琐程序指标进行比较，其结果是令人鼓舞的。进口商与出口商必须打交道的机构数量有所减少，除了最顶部的LPI五分区国家其数量继续保持低值。所有LPI五分区进出口所需文件数量均有所减少。

简化进出口商的文件手续一直被列为贸易便利化日程上的优

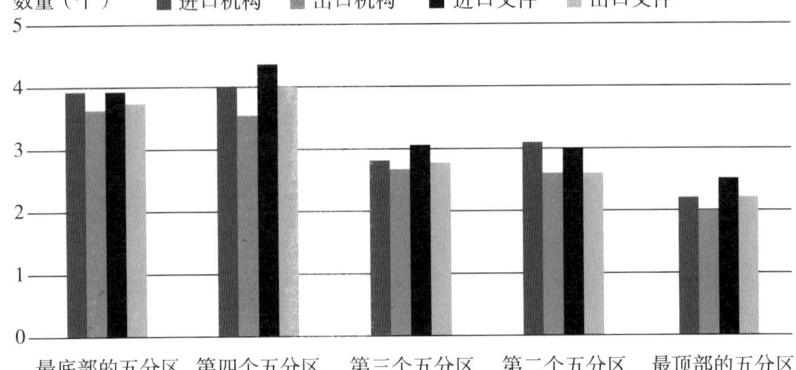

图 2.5　LPI 五分区中影响进出口交易的烦琐程序

资料来源：2012 年物流绩效指数。

先项目，推动了对边境机构进行协调整合以及为贸易创设单一窗口系统等举措。国际金融公司的经商指标高度重视类似的手续简化举措，不过，仅仅有手续简化和单一窗口系统等举措并不足够。同样重要的还包括改善边境管理的其他方面，一般来说指与贸易相关的软件和硬件基础设施。

延误、可靠性及服务提供

绩效不佳的部分原因是由一个国家的供应链内生的：服务的质量、成本以及清关手续的速度。但其他一些原因（如依赖于间接的海运航线），则不属于国内供应链的范畴，因而不是一个国家可以控制的。

LPI 详细分析了与国内服务和机构的绩效表现并无直接关联的延误的可能原因（见表 2.7）。最顶部的五分区和最底部的五分区再次出现了明显的反差。这样的反差体现在 LPI 的所有五个延误类别里，并在其中三个类别中表现尤为明显：非正式支付（腐败性支付）、强制仓储以及海上转运。

表 2.7　认为货运“经常”或“几乎总是”被延误的受访者（根据 LPI 五分区及延误类别）

单位：%

	强制仓储	运前检查	海上转运	犯罪活动	非正式支付
最底部的五分区	60	60	56	21	40
第四个五分区	37	46	40	12	31
第三个五分区	11	18	34	4	13
第二个五分区	20	24	27	14	21
最顶部的五分区	8	11	9	5	5

资料来源：2012 年物流绩效指数。

延误和意外成本在底部的若干五分区中很普遍，并因此限制了整体供应链的绩效。更糟糕的是，延误的发生在 LPI 各个五分区中都呈现增长趋势——尤其是在底部的若干五分区。在最底部的五分区，60% 的 2012 年 LPI 报告受访者表示，货运“经常”或“几乎总是”因强制仓储或装运前的检查而延误——这一点相比 2010 年出现了明显增加——2010 年有 39% 的受访者报告说有因强制仓储引发的延误，34% 的受访者报告说有由装运前的检查引发的延误。样本误差可以在一定程度上解释这些差异的存在，但却无法解释事情的全部真相。不断降低的供应链可预见性是一个亟待解决的商业问题，并推动了一些公司推出优质的准时配送担保服务。

可预见的并且可靠的供应链对良好的物流绩效具有支配作用。确实，交货周期变化过大会破坏货物的生产和出口。公司必须为之采取成本高昂的策略，如使用快递装运或大幅提高库存数量以防出现库存不足。近期研究提出了“物流总成本”[1] 的概念，主要涵盖三个领域：

- 货运。
- 间接成本和一般费用。由内部支持或是外部支付以组织供应链（机构费用、正式支付和非正式支付）。
- 由于缺乏可靠性而导致的成本，如库存。在其他各项条件对等的情况下，对时间敏感的货物在这方面的成本经常要高得多。

延误随着绩效的降低而急剧攀升，这是在之前两个版本的《联结以竞争：全球经济中的贸易物流》报告中非常突出的一个事实。[2] 因此，货物在既定时间内抵达的比率的明显差异将位于底部和位于顶部 LPI 排名中的各个国家区分开来（见图 2.6）。在最顶部的 LPI 五分区中，大多数受访者报告说进口和出口船运“几乎总是”在既定时间内到达。在最底部的五分区，不到 1/3 的受访者报告说进

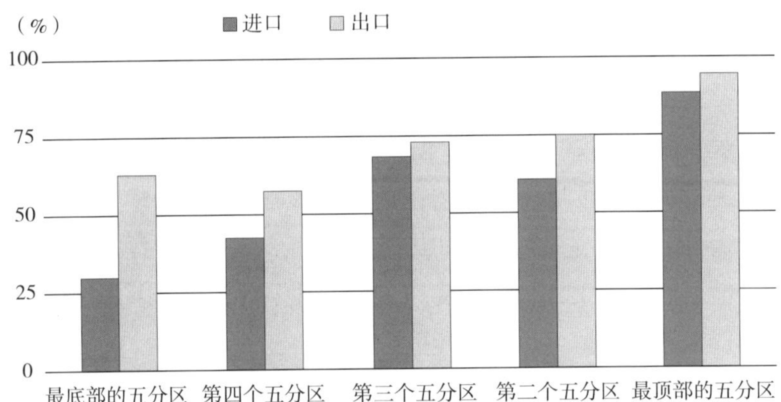

图 2.6　LPI 五分区中报告货运“经常”或“几乎总是”在既定时间内得到清关和配送的受访者

资料来源：2012 年物流绩效指数。

---

① Arvis and others 2010.

② Arvis and others 2010.

口“几乎总是”在既定时间内到达——而在出口方面，大约有不到2/3的受访者报告了类似的情况。

可靠性的缺失以及不可预见的延误所产生的危害，甚至超过了供应链中所能包括的平均成本和时间，导致在低物流绩效环境中创造了高“传导物流”成本，极大地增加了低收入以及许多中等收入国家经济多元化的挑战。与之形成对比的是，摩洛哥在21世纪的前十年投资于改善物流，目前能够发展出的物流产业将可以支持比现在复杂得多的供应链。2012年，雷诺—日产联盟在丹吉尔的工厂开始以年产40万辆供出口汽车的生产能力运行，这在非洲是前所未有的。

进出口货物在既定时间内的抵达率，在最底部的五分区的差距最大（见图2.6）。进口获得高评分的百分比要低得多，表明在实践中（如果不是在法律上）供应链可靠性对外国货物存在歧视。由于全世界范围内的贸易壁垒已土崩瓦解，推行这种事实上的歧视政策成为影响绩效和贸易结果的更为重要的因素。因此，考察意外延误的原因——包括清关过程中的不可预见性、内陆转接延误以及服务可靠性偏低——应该成为低绩效国家物流改革的重要组成部分。

以上突出强调的模式在一些世界银行区域比在其他地区更为引人注目（见图2.7）。南亚（绩效得分最低地区）59%的受访者以及东亚—太平洋地区（绩效得分最高地区）75%的受访者表示出口货物“经常”或“几乎总是”在既定时间内清关和配送。进口绩效的变化范围则较大。在中东和北非（绩效得分最低的地区），34%的被受访者报告称进口货物“经常”或“几乎总是”在既定时间内得到清关和配送；但在欧洲和中亚（绩效得分最高的地区），这一数字达到60%。

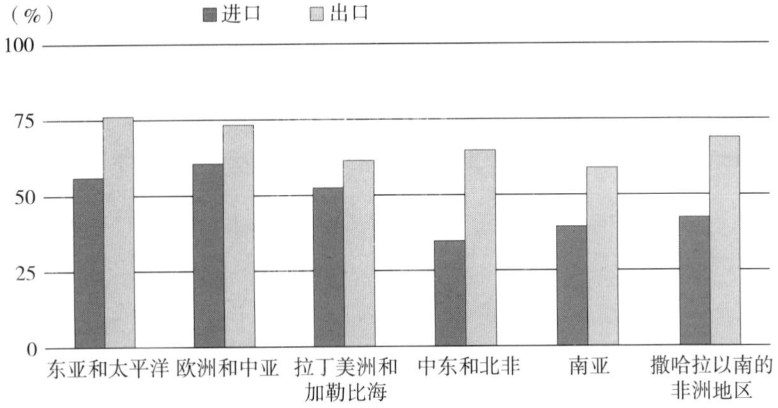

图 2.7　世界银行发展国家地区报告货运“经常”或“几乎总是”在既定时间内得到清关和配送的受访者

资料来源：2012 年物流绩效指数。

这些数据表明可预见性存在地缘上的差距，同时也暗示了竞争力以及地区供应链和生产网络的扩展。并且，这样的差距可能继续扩大。自从 2010 年的 LPI 报告以来，认为货物“经常”或“几乎总是”在既定日期内送达的受访者的比例在东亚和太平洋地区显著提高——进口货物从 41% 上升到 56%，出口货物从 26% 上升到 75%。在撒哈拉以南的非洲地区，这一数字在进口货物方面下降了（从 56% 降到 43%），但在出口货物方面上升了（从 47% 上升到 69%）。样本误差或许可以在某种程度上解释这些变化，即便如此，重新关注低收入地区供应链的可预见性仍然是非常重要的。和低绩效国家相比，高绩效国家可接受的质量窗口要窄小得多，对质量缺陷的容忍度也低得多，从而放大了质量上的实际差距。

供应链可预见性不仅仅关于时间和成本（表框 2.3），更深一步的考虑——对于私营部门运营商及其客户而言——是质量。

2012 年的 LPI 报告发现，高绩效国家和低绩效国家的货运质量存在巨大的差距（见图 2.8）。在顶部的 LPI 五分区，仅有 15% 的货运不符合公司的质量标准。但是，在最底部的五分区，这一比例翻了一番还多，达到 35% 左右。

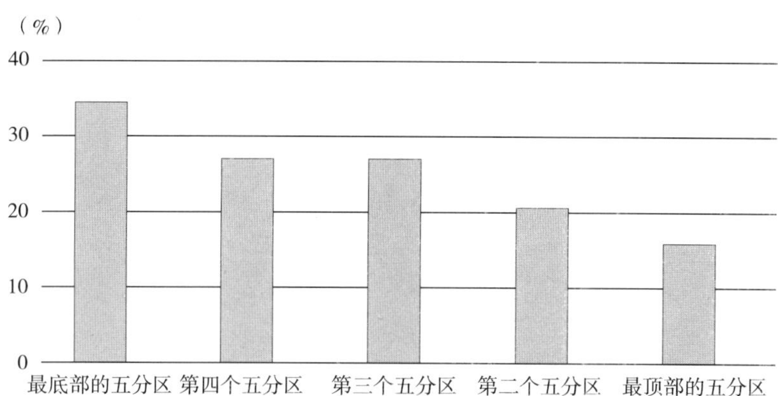

图 2.8　LPI 五分区中不符合公司质量标准的货运

资料来源：2012 年物流绩效指数。

表框 2.3　谁该为延误负责

国际物流中的一个关键指标是进口集装箱在港口的停留时间（集装箱卸载与出港之间的平均延误）。停留时间的责任问题经常引发控制机构和港口管理局（以清关速度慢而遭受诟病）以及私营运营商（被怀疑使用港口作为仓储之用）之间的相互指责。

在物流效率高的港口，停留时间可以仅为 2～3 天。在亚洲、北非、中东和拉丁美洲发展中国家的主要港口通道，停留时间为 7 天左右。但在撒哈拉以南地区的港口，平均时间为 14 天左右。

有关海关和集装箱运营商的数据，通常通过计算机系统便可获得，可以帮助我们找出停留时间的决定因素。有研究发现，在中等收入和新兴经济体国家，大多数当事方——包括港口管理局和私营部门运营商——都希望缩短停留时间，但信息管理效率的低下导致延误和不可预见性。例如，摩洛哥最近发现，它可以把卡萨布兰卡港口的停留时间缩短2天，方法是改变轮船公司向海关递送舱单的方式。

另外一项研究却给出了一个截然不同的解释。该研究认为，在撒哈拉以南非洲的最不发达国家，其货物在港口的停留时间大部分是由于控制机构、港口管理局、私营终端运营商、物流运营商以及大型托运商之间共谋的结果。例如，在杜阿拉，对于22天以上的仓储，港口（而不是外部设施）是进口商最便宜的选择。公司调查表明，在大多数情况下，缩短货物的停留时间会增加进口商的投入成本。终端运营商则通过仓储获得大笔收入，这使得它们没有动力减少停留时间。[1]同样类型的分析并没有发现在摩洛哥和印度尼西亚（它们是拥有多元化生产商基地和关切供应链绩效的中等收入国家）存在这种有悖常理的动机的证据。

注释：

1. Raballand and others 2012；World Bank 2012.

在货运代理中，最重要的质量标准是在承诺的时间窗口内配送货物。几乎同样重要的是，确保货舱或单证几乎不存在差错。可以接受的质量窗口在高绩效国家比在低绩效国家要窄小得多（错误更不被容忍）。货运的质量差距仅仅在某种程度上反映了这些不同的期望。

自2010年以来，不符合质量标准的货运在各个五分区的比例很大程度上维持原状，除了第二个五分区，其比例提高了8%。

第三部分

前进道路上的新挑战：贸易便利化与物流

自《世界银行物流绩效指数报告——联结以竞争：全球经济中的贸易物流》（2007 年）发布以来，物流优先权一词的意义已在全球发生了改变，对发展中国家更具有深远意义。现今决策者及私营部门，乃至国际组织都对其极为重视……许多发展中国家已通过采取推行改革的措施来提高供应链的效率，并促进贸易与运输服务。

国际组织对于发展中国家所做出的努力给予了极大的鼓励与支持。有关物流与贸易便利化的项目占世界银行投资项目总数的十分之一。世界银行于 2010 年便启动贸易便利化专项项目基金，为发展中国家的贸易便利化物流项目提供技术援助。亚洲、非洲和美洲的地区发展银行也已开展了各自的项目及相关的项目能力开发建设。①

多哈回合论谈的与会人员致力于让新的贸易便利化举措最终成为世界贸易组织协议中的一条。谈判卓有成效，它的成功不仅体现在各国与会人员为了目标共同付出的努力上，还体现在此次论坛中，发展中国家的参与上——它们为了使举措的实施造福各自的国家而积极准备，开展相关的能力开发建设。区域论坛也将贸易便利化和供应链绩效问题列为优先事项，通过亚太经济合作组织（为供应链联结性）和东盟（为单一窗口系统）等相关举措将成员整合起来。包括世界海关、国际道路运输联盟、国际货运代理联合会及全球快运协会在内的

① IDB 2012.

诸多组织都推崇主动意识、精品实践以及能力开发建设。

尽管物流和贸易便利化意识在国际范围内有所提升，但由于各国改革和完善需求不尽相同，其优先权最终是由各个国家共同决定的，或者，从地区角度而言，是由区域性同盟国决定。此外，由于供应链的稳固性取决于其最薄弱的环节，因而在其他区块上取得进展前，对于绩效瓶颈所采取的缓解措施有可能会影响到预期收益。

在推行相似的（先进或者滞后的）改革项目的国家，物流绩效限制具有相似的模式。根据2007年和2010年《联结以竞争：全球经济中的贸易物流》所采用的分类标准，可以将国家分为四类：物流不友好、不完全绩效者、一致的绩效者和物流友好（详见本报告第一部分）。这四组类别呈现出三种趋势。

第一个趋势是国际社会越来越关注物流限制的国家。这些国家经常面对棘手的治理问题（后冲突国家和脆弱国家），而其中一些国家在进入全球市场时受限于地域原因或者经济体规模（内陆发展中国家、小岛国、隔离主要贸易航线的小经济体）。即便成功地进行了边境管理改革、普遍改善了贸易环境，物流限制国家——如马拉维、卢旺达和撒哈拉以南等落后国家或地区还是无法凭借自身力量来加强联结性提升物流绩效。它们必须依靠国际合作来实现经济规模化或缓解瓶颈问题。联合国支持的“阿拉木图内陆国家和过境发展国家转型行动项目”表明，国际社会重新将目光放在了如何帮助这些国家解决物流困境的问题上。①

第二个趋势是改革变得越来越复杂——这是由世界银行支持的项目的一个明显趋势。新项目通常涉及多个部门、互补的利益相关者群体和若干个国家。由于软、硬部件通常不能孤立处理，

① Arvis and others 2011.

与贸易有关的基础设施的投资应该与改革边境管理机构——或者和加强管理和刺激竞争性服务市场一同努力携手并进。

第三个趋势是物流面临的挑战与优先事项在不断地变化。决策者和国际组织必须审时度势，转移焦点，适应变化。

基础设施

无论是通过直接投资与维护，还是通过公私合作伙伴关系，与贸易相关基础设施的投资都是最常见的公共干预方式，根据 LPI 调查报告结果显示，经济合作与发展组织国家和发展中国家的基础设施存在着巨大的差距。

第一，尽管 ICT 对于贸易业务至关重要，并且日益自动化，但它不是引起担忧的主要原因。这是因为它的质量和可获得性都高，并且在各收入群体中较为均衡。

第二，对道路质量的担忧集中在 LPI 最底部的两个五分区和南亚，并且令人惊讶的是中东以及北非的得分都高。

第三，铁路基础设施建设欠缺的问题依旧没有解决。受访者中，对铁路质量评价为“高”或者“非常高”的人数仅为对其他基础设施类型如此评分的人数的一半（见 2010 年 LPI 报告）。铁路基础设施的满意度在中东、北非、欧洲和中亚最高。但即使在这些区域，铁路基础设施的评价仍然低于其他类型的基础设施。虽然铁路的使用降低了碳排放量，但单单从价格这一点来说便已不大可能使贸易者从货车运输模式转向更为环保的铁路货运模式。国家唯有依靠重大的质的变革才能缩小铁路物流绩效与质量之间的差距。例如，与陆路运输竞争的高效集装箱运输非常少，主要集中在一些经合组织国家。

更令人惊讶的是，受访者对港口物流的担忧程度很高。2012 年 LPI 的受访者对所有发展中地区以及除了最顶部的五分区以外的所有 LPI 区域的港口基础设施普遍表示不满。这对于发展中国家最近几十年来港口改革的驱动力来说意味着什么？目前在发展中国家的一个普遍现象是，商业和服务活动从港务局脱离出来，私营部门参与集装箱码头业务的成功案例不胜枚举。有证据表明，投资尚未跟上集装箱贸易的激增速度，尽管便利措施加速了吞吐量并暂缓了投资需要，许多老旧港口的贸易量已经快达到其处理能力上限。

对发展中国家港口基础设施不满的主要原因有如下两个：

• 净吞吐量不足，乍看是缺乏投资，其根源是落后国家在全球金融危机后财政投入的减少和私营部门投资参与积极性的下降（尽管贸易流量有所恢复）。

• 现有设施运作效率低，其根源是部门改革缺乏或不彻底，这样一来又导致低绩效及人为的绩效阻滞（阻滞与吞吐量不足并不存在绝对关联，尽管对使用者而言两者相关联）。

我们应当首先重视部门改革，这样才能使港口作业更有效率，继而考虑新的港口吞吐量建设投资。

提升发展中国家的物流服务

由于对贸易商的服务最终是由私营公司提供的，新议程的另一重要部分是促进物流与贸易支持服务。其质量是促进贸易与运输的核心——直接地或间接地通过相关的监管改革。

在发现有使物流服务多元化发展的机会后，一些新兴市场国家正试图将自己定位于物流中枢。例如，在 2011 年，摩洛哥成立了物流发展局。依靠地理位置优势和转运港口丹吉尔—梅德港的投资，摩洛哥正推行一项能促进并超越其经济体以外的货运和物流设施与服务的政策，目的地是北非、南欧和西非。类似的策略也在马来西亚、巴拿马和其他国家及地区实行。

目前存在两个导致发展中国家效率低下的原因：一个是服务分散性，一个是本地市场规模小。服务分散性阻碍了全球供应链的整合[①]，其形成有很多原因。其一是某些政策具有分离性质。例如，有些法规仍然要求报关行独立于运输提供商。

自 2010 年的 LPI 报告发布以来，货运市场已经成为服务改革的一大重点。货运调查结果表明，不同国家的货运成本差异通常源自运输提供商市场结构的低效率和阻碍公开竞争的规范壁垒。[②]

国家和地区的监管机构必须建立实质性的激励机制以促进可靠和高质量的服务——尤其是通过消除进入壁垒。该议程面临很多新挑战，但政治经济也许并不愿意改变目前的商业运作模式或者限制传统的寻租行为。而且改变涉及公平交易的问题，而这从社会意义上以及对穷人而言是有难度的。传统的组织大多是劳动力密集型：与南非的商业卡车运输相比，在同一单位运输数量上西非的小卡车司机车队需要 2 倍数量的卡车，而且每辆卡车上需要雇用 1.5 倍的劳动力（2.2∶1.5）。

协调边境管理

2010 年和 2012 年的 LPI 数据表明，海关手续已经趋同——抵

① Kunaka, Mustra, and Saez forthcoming.

② Raballand and Teravaninthrorn 2008.

达前清关、在线提交、清关后审计目前已经广泛应用（见表2.5）。原因之一是，得益于技术援助和能力建设，世界海关组织和世界贸易组织规则得以广泛传播。

然而，海关管理不是边境管理的全部内容。在质量和标准检验机构、健康和卫生与植物检疫机构中发生的延误、意外事故与繁冗的海关手续一样，都能造成一系列的供应链问题，进而导致整体低劣的物流绩效（见表2.6）。

新议程的关键是在货物清关上采取更全面的方法。这一方法要求所有的边境管理机构（标准机构、卫生机构、植物检疫机构、运输机构以及安检机构）之间进行协作，并在监管服从方面采用现代管理方法。虽然海关已经高度自动化，并通过选择性的使用实物检查进行风险管理，但只要其他政府机构没有实现自动化并坚持对所有进口货物的常规实物检查，那么这些改进只是治标不治本。[①]

缩减办事手续和程序是贸易便利化的一个主要工具。各国现在都在力图减少干预，如减少机构的数量或者至少与这些机构实际接触的次数。从整体出发的举措已经催生了创新性的边境管理方法。一是全国性的单一电子窗口，允许交易者通过单一的在线通道提交所有的进口、出口和多个监管机构要求的过境手续（而不是通过各种不同的政府实体机构，其中一些是自动化处理方式而另一些依然依靠传统的纸张处理方式）。这些举措削减了成本，缩短了手续时间，有益于贸易群体，同时也为政府简化程序创造了机会。对于跨边境举措也是如此，如一站式边防哨所，旨在通过协调两国的程序以及共享信息和资源来整合机构流程。

然而，实施这些创新方法并非易事。许多参与机构通常有不

① McLinden and others 2011.

同的职责与利益，这就使得可持续的机构改革以及决定哪一个机构或者实体负责执行都成为举措实施道路上所面临的挑战。

区域便利化和一体化

区域一体化起初旨在促进贸易与运输。邻国之间的许多贸易都发生在陆路运输走廊。物流不友好国家——其中很多是经济规模较小的内陆和后冲突国家——严重依赖于更大的邻国建立的贸易和过境系统，其本身物流并不总是高效。正如联合国《阿拉木图行动纲领》所强调的，面临这些挑战的国家需要国际社会的帮助以降低物流成本及促进可持续的出口贸易。世界银行支持其 14 个亚区域的便利化和一体化项目。

然而，挑战并不仅限于改善过境。区域便利化和一体化涉及组织商品、车辆和贸易相关信息的规定和协议等问题。[①] 使得过境系统对不同走廊中的贸易都有效一直是西欧和北美最擅长解决的问题。美国和加拿大最近重新设计了其边境程序，以便在加强安全的同时促进贸易便利化。一个新的跨边境行动计划于2011 年12 月7 日启动，其中包括前沿的贸易和游客便利化措施以及更广泛的信息共享。[②]

由于发展中地区大多过境制度和入境通道安排设计于 30 多年前，而且几乎没有完全到位，这两方面需要大幅度改革。但是这些地区也需要进行其他物流改革，尤其在服务和边境管理方面。所有这些改革都面临类似的障碍。[③]

---

① Arvis, Rahalland, and Marteau 2010; Arvis and others 2011.

② www. borderactionplan. gc. ca.

③ Arvis, Raballand, and Marteau 2010; World Bank 2008.

国家改革数据

与物流相关的改革和项目需要可靠的指标，以促进政策制定者、私营部门和其他利益相关者之间的沟通，并监测影响力度。LPI 数据及其各项指标允许各国之间进行比较，但作为基准，这些数据还不够完善。

为了尽可能做到详细和准确，各国可以根据其新项目来修改新的物流相关指标（如港口和走廊指标）。而对于一些活动，各国也可以用这些指标来衡量物流成本。一些高收入和新兴经济体利用政府措施和合作项目系统地衡量国家供应链绩效。加拿大一直专注于在微观层面收集、汇总和分析供应链数据（成本、时间和可靠性）（表框 3.1）。其他国家集中在需求方面，关注国家主要活动中的成本及出现的费用——通过调查（芬兰、法国、德国、泰国）① 或者通过对现有统计结果进行再次解读（巴西、德国、南非、美国）。

通过国家监测站衡量物流成本的转向应该鼓励，而且它应该成为新兴的国际合作为解决方法论问题所作努力的一部分。尽管如此，应该明确的是，国家层面上的数据的翔实通常会削弱其跨边界的可比性。一个国家的供应链依赖于其地理位置和生产结构，不同国家的主要数据差异显著。加拿大和澳大利亚最近提出了一个基于 LPI 的共同的核心数据库，以使数据更具可比性，帮助发展中国家开发新的数据能力并建立监测点。

---

① Rantasila and Ojala 2012.

表框 3.1　超越 LPI：加拿大进行深度与定制数据收集的努力

为了适应全球贸易网络中日益激烈的竞争，加拿大已经寻求超越 LPI 的方法来监督本国绩效。考虑到其地理特点和贸易组成，加拿大的通路和供应链是否可靠？为了回答这个问题，加拿大联邦交通部开始利用绩效指标来衡量港口和供应链运输效率。加拿大政府希望利用这些指标来帮助设立绩效目标、引导国家政策和衡量基础设施投资回报。

该监测项目始于 2008 年。加拿大最大的港口当局与学术界合作开发新的绩效指标，这些指标将用于获取集装箱和散货运输港口作业的复杂度以及在附属土地走廊沿线的情况。为探寻货物在本国内运输的效率，加拿大运输部利用流动性指标获取海外货物穿过加拿大关口进入北美内陆目的地的平均行程时间。

流动性指标基于关口与战略贸易走廊的相互作用，利用与私营运营商之间的数据交换伙伴关系，如货运公司（其自愿提供第一手数据）。至此我们得到的启示是什么？举一个例子：在 2010 年和 2011 年，加拿大西部连接亚洲到加拿大中部市场的关口运行良好。在港口交界处（减少逗留时间）和铁路运输性能上获得显著成果——不列颠哥伦比亚省的两个港口增长了 21%。但是由于在同期的海洋运输次数增多，2011 年整体的货物运输时间与 2010 年持平。

该监测项目体现出各国在贸易相关的活动中，如何基于 LPI 建立更为具体的指标，提高数据可靠性及关键资产与贸易相关基础设施的监管。有见地的绩效衡量手段既可以帮助政府（如加拿大政府）更为精确地修正政策与投资，也可以促进国际合作。通过亚太经合组织（APEC）倡议，加拿大和澳大利亚（它们也在发展自身的指标战略）正向着一系列共同的、具有深度的详细指标而努力。这两个国家希望APEC组织中的发展中经济体能利用这些新的指标，从发达国家和国际组织中获得经验与技能。

供应链的可持续性与发展

因其竞争力和可持续性，物流越来越受到重视。物流通过食品供应链的绩效和灵活性直接对粮食安全——价格和本地可用性造成影响，对于严重依赖粮食进口的非洲和中东国家影响尤其明显（表框3.1）。

物流对环境和气候变化的影响更为直接。世界如何才能实现经济、环境与社会目标之间更加可持续地平衡呢？绿色物流正迅速地在高收入和新兴经济体中脱颖而出①，而且很可能在其他区域也变得越来越重要。

物流与货运相关的活动产生的二氧化碳排放量可能占到人类二氧化碳排放总量的15%，部分原因是使用了化石燃料。更多燃料机车和更环保的操作意味着更佳的物流。物流利用增加的负载系数或减少货运次数来降低其碳排放量是可能的。但是改变高排放运输模式是降低碳排放量最好的方式，也就是说，低排放模式（在许多情况下也更慢）因其更好的服务配送和可预见性而更具有吸引力。② 为了满足托运商的期望，大部分地区的低排放模式需要大幅度质的改进。

环保措施已经使得法规和行内人士的主动寻求改变需求相结

① McKinnon and others 2010.

② World Bank 2012.

合。在欧洲，20 年来持续的政策改革和新技术的大量投入使一氧化碳、碳氢化合物、氮氧化物和颗粒物排放量降低了 98%。全球道路运输行业，出于自身主动，已经预计于 2030 年之前减少 30% 的二氧化碳排放量。① 另一变化的驱动力可能成为主要原因，是托运商的需求（表框 3.2）。

大型物流服务供应商，特别是四大主要物流快递运营商（DHL，FedEx，UPS，TNT），已经预见到了托运商的这一需求趋势，并已为此开发了全球性的产品和项目。第一，它们开展全球性的举措以减少自身以及承运商的经营痕迹，如转而采用更高效的运载工具（如 DHL 纽约机队改为使用混合动力和电动）②、提高设施的效率、培训员工等。第二，它们有办法帮助托运商减少供应链痕迹。例如，根据 DHL 的 GoGreen 项目介绍，客户可以获得更为环保的物流方式以达到碳中和、有关更为绿色的解决方案（包括模态和分布变化）的咨询意见以及用以决策的碳足迹报表系统。2011 年，该项目处理了 18 亿吨货运量，135000 吨碳排放量。

这些变化将很可能有助于把绿色物流从环保意识敏锐的发达经济体扩展到发展中国家。物流绩效和可持续性日益成为互为补充的目标。

表框 3.2 托运商对绿色供应链解决方案的需求

2012 年 LPI 调查问卷包含一个关于托运商对环境偏好的问题："当货运到某目的地时，托运商要求采用环境友好的运输方式（如考

① 国际道路运输联盟决议，由其在五大洲 74 个国家的 180 个成员代表卡车、公共汽车、长途公共汽车以及出租车运营商（参见 www.iru.org/cms-filesystem-action?FILE=EN_Resolutions_General%20Transport%20policy/09_30-30.E.pdf）。

② Deutsche Post DHL 2012.

虑到排放水平、路线选择、交通工具、日程等）的次数多吗?”

调查问卷上的答案显示，对于运货到经合组织国家的托运商，平均约有三分之一的人担心他们国际供应链的环境路径。对于运往低收入国家的托运商，相关数字仅为十分之一。

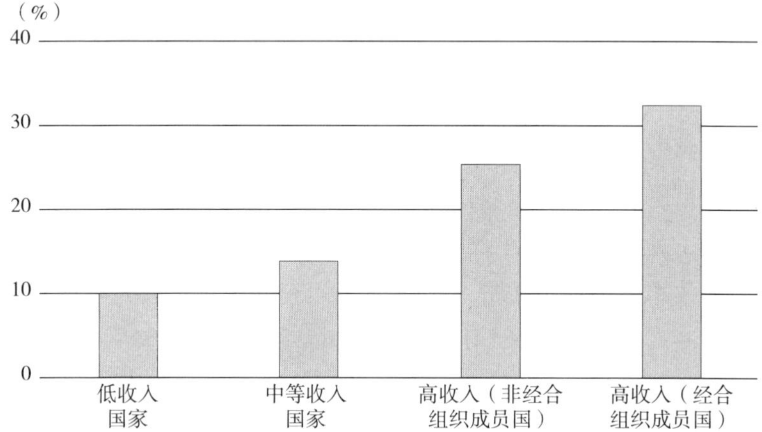

LPI 报告中货运到某些特定区域时（按国家收入划分等级），“经常”或“几乎总是”要求环境友好运输方式的托运商所占比重

资料来源：2012 年物流绩效指数。

贸易物流改革矩阵

改革必须连贯地配套执行，而且还需要持久的关注。各国均没有一个独立的为实行物流相关改革的制度安排。事实上，政策制定是负责交通政策与投资、商贸、工业、海关和边境管理的不同政府部门之间共同的责任，没有任何一个国家专门成立物流部。因而，包括私营部门在内的机构组织对于政策执行的连贯性而言非常重要。加拿大、中国、芬兰、德国、马来西亚和摩洛哥都引进了理事会或者类似的协调机制。

物流改革的重点和领导权取决于当地情况。在先进经济体和新兴经济体中，运输机构往往更多地扮演引领协调的角色，同时日益关注环保问题。在发展中国家，负责商务和经济发展的机构也在促进便利化和物流议程方面发挥重要作用。经验表明，软硬干预措施可以互为补充，尤其在低收入地区。例如，如果配以开发或者改造国际运输基础设施的实物投资，如公路或铁路通道，那么改进贸易便利化将更容易实现。

2012 年 LPI 体现了高效率物流的前提条件，即所有绩效靠前者都有一个悠久的传统，即强大的公共和私营部门的伙伴关系与对话，决策者、执行者、管理者和学者之间的良好合作，服务、基础设施和高效物流的综合协调运作，运输和物流政策的连贯性。

重点领域和优先事项还取决于各国的实际情况及其绩效水平。需求和绩效水平之间的关联并非完全科学的。然而，根据本报告第二部分的结果和许多贡献者为本报告提供的项目经验，可以根据以下矩阵提出适合一个国家物流效率水平的改革方案（见表 3. 1）。

表 3. 1　　　　贸易物流改革矩阵

LPI 成分	最底部的五分区	第三个和第四个五分区	第二个五分区	最顶部的五分区
实物基础设施	√√	√√	√√	
信息和通信技术	√	√		
海关	√√√	√√	√	
边境管理整合	√	√√√	√√√	√
服务	√√	√√√	√√√	
地区便利化和走廊	√√√	√√	√√	
国家数据工具	√	√	√√√	√√√
绿色物流			√√	√√√

附录1　国际LPI结果

表A1.1　　　　国际LPI结果

	LPI排名			LPI得分			占得分最高者的百分比	海关		基础设施		国际货运		物流质量与竞争力		追踪与追溯		及时性	
	排名	下界	上界	得分	下界	上界		排名	得分	排名	得分	排名	得分	排名	得分	排名	得分	排名	得分
新加坡	1	1	2	4.13	4.06	4.19	100.0	1	4.10	2	4.15	2	3.99	6	4.07	6	4.07	1	4.39
中国香港	2	1	2	4.12	4.05	4.19	99.9	3	3.97	7	4.12	1	4.18	5	4.08	5	4.09	4	4.28
芬兰	3	1	15	4.05	3.81	4..29	97.6	2	3.98	6	4.12	4	3.85	1	4.14	1	4.14	15	4.10
德国	4	3	7	4.03	3.97	4.09	97.0	6	3.87	1	4.26	11	3.67	4	4.09	7	4.05	2	4.32
荷兰	5	3	7	4.02	3.94	4.11	96.7	8	3.85	3	4.15	3	3.86	7	4.05	2	4.12	12	4.15
丹麦	6	1	15	4.02	3.82	4.22	96.6	4	3.93	10	4.07	6	3.70	2	4.14	4	4.10	7	4.21
比利时	7	3	13	3.98	3.85	4.11	95.3	7	3.85	8	4.12	6	3.73	8	3.98	8	4.05	9	4.20
日本	8	7	11	3.93	3.88	3.99	93.8	11	3.72	9	4.11	14	3.61	9	3.97	9	4.03	6	4.21
美国	9	8	11	3.93	3.88	3.98	93.7	13	3.67	4	4.14	17	3.56	10	3.96	3	4.11	8	4.21
英国	10	8	14	3.90	3.84	3.96	92.7	10	3.73	15	3.95	13	3.63	11	3.93	10	4.00	10	4.19
奥地利	11	3	19	3.89	3.70	4.08	92.5	9	3.77	11	4.05	7	3.71	3	4.10	11	3.97	31	3.79
法国	12	10	17	3.85	3.77	3.93	91.2	14	3.64	14	3.96	5	3.78	14	9.82	12	3.97	23	4.02
瑞典	13	5	22	3.85	3.68	4.02	91.2	12	3.68	5	4.13	29	3.39	12	3.90	17	3.82	5	4.26
加拿大	14	8	17	3.85	3.76	3.94	91.1	17	3.58	12	3.99	18	3.55	13	3.85	14	3.86	3	4.31

续　表

	LPI 排名			LPI 得分			占得分最高者的百分比	海关		基础设施		国际货运		物流质量与竞争力		追踪与追溯		及时性	
	排名	下界	上界	得分	下界	上界		排名	得分	排名	得分	排名	得分	排名	得分	排名	得分	排名	得分
卢森堡	15	1	29	3.82	3.49	4.16	90.3	18	3.54	20	3.79	9	3.70	15	3.82	13	3.91	11	4.19
瑞士	16	8	24	3.80	3.66	3.95	89.7	5	3.88	13	3.98	24	3.46	18	3.7[illegible]	15	3.83	24	4.01
阿拉伯联合酋长国	17	12	19	3.73	3.70	3.85	88.9	15	3.61	17	3.84	15	3.59	17	3.74	18	3.81	13	4.10
澳大利亚	18	16	24	3.73	3.63	3.82	87.2	16	3.60	18	3.83	28	3.40	16	3.75	19	3.79	17	4.05
中国台湾	19	16	24	3.71	3.60	3.82	86.6	22	3.42	21	3.77	16	3.58	20	3.68	21	3.72	14	4.10
西班牙	20	17	24	3.70	3.60	3.80	86.2	25	3.40	24	3.74	10	3.68	19	3.69	23	3.67	22	4.02
韩国	21	18	24	3.70	3.64	3.76	85.9	23	3.42	22	3.74	12	3.67	22	3.65	22	3.68	21	4.02
挪威	22	7	32	3.68	3.36	4.01	85.5	21	3.46	16	3.86	21	3.49	23	3.57	24	3.67	16	4.09
南非	23	16	24	3.67	3.52	3.82	85.4	26	3.35	19	3.79	20	3.50	24	3.56	16	3.83	20	4.03
意大利	24	18	24	3.67	3.61	3.73	80.6	27	3.34	23	3.74	19	3.53	21	3.65	20	3.73	18	4.05
爱尔兰	25	23	32	3.52	3.36	3.68	80.5	24	3.40	31	3.35	27	3.40	25	3.54	25	3.65	33	3.77
中国	26	25	29	3.52	3.46	3.58	80.3	30	3.25	26	3.61	23	3.46	28	3.47	31	3.52	30	3.80
土耳其	27	25	32	3.51	3.38	3.64	80.1	32	3.16	25	3.62	30	3.38	26	3.52	29	3.54	27	3.87
葡萄牙	28	25	32	3.50	3.34	3.66	79.8	31	3.19	28	3.42	25	3.43	27	3.48	26	3.60	26	3.88
马来西亚	29	25	31	3.49	3.40	3.59	79.8	29	3.28	27	3.43	26	3.40	30	3.45	28	3.54	28	3.86
波兰	30	25	34	3.43	3.27	3.59	77.8	28	3.30	42	3.10	22	3.47	32	3.30	37	3.32	19	4.04

续 表

	LPI 排名			LPI 得分			占得分最高者的百分比	海关		基础设施		国际货运		物流质量与竞争力		追踪与追溯		及时性	
	排名	下界	上界	得分	下界	上界		排名	得分	排名	得分	排名	得分	排名	得分	排名	得分	排名	得分
新西兰	31	25	39	3.42	3.17	3.67	77.4	20	3.49	29	3.42	33	3.27	34	3.25	27	3.58	48	3.55
冰岛	32	25	36	3.39	3.20	3.59	76.6	19	3.53	30	3.39	47	3.01	29	3.47	35	3.39	40	3.62
卡塔尔	33	25	48	3.32	3.05	3.59	74.3	34	3.12	34	3.23	64	2.88	35	3.25	32	3.50	25	4.00
斯洛文尼亚	34	25	48	3.29	3.05	3.52	73.1	38	3.05	33	3.24	31	3.34	33	3.25	44	3.20	43	3.60
塞浦路斯	35	25	62	3.24	2.89	3.60	71.8	39	3.02	38	3.17	36	3.21	37	3.17	36	3.36	51	3.54
保加利亚	36	33	51	3.21	3.03	3.39	70.7	41	3.97	36	3.20	34	3.25	42	3.10	48	3.16	47	3.56
沙特阿拉伯	37	35	45	3.18	3.10	3.25	69.7	51	2.79	35	3.22	42	3.10	47	2.99	42	3.21	34	3.76
泰国	38	35	46	3.18	3.07	3.28	69.6	42	2.96	44	3.08	35	3.21	49	2.98	45	3.18	39	3.63
智利	39	33	55	3.17	2.99	3.36	69.5	35	3.11	37	3.18	44	3.06	46	3.00	41	3.22	54	3.47
匈牙利	40	33	52	3.17	3.01	3.33	69.5	47	2.82	40	3.14	52	2.99	36	3.18	30	3.52	61	3.41
突尼斯	41	30	01	3.17	2.90	3.44	69.4	33	3.13	54	2.88	65	2.88	40	3.13	40	3.25	35	3.75
克罗地亚	42	33	56	3.16	2.98	3.34	69.2	37	3.06	32	3.35	58	2.95	55	2.92	43	3.20	50	3.54
马耳他	43	33	54	3.16	2.99	3.33	69.0	49	2.81	41	3.10	37	3.17	45	3.01	56	3.05	32	3.79
捷克	44	33	61	3.14	2.90	3.38	68.5	43	2.95	50	2.96	45	3.01	31	3.34	46	3.17	63	3.40
巴西	45	35	52	3.13	3.02	3.24	68.2	78	2.51	46	3.07	41	3.12	41	3.12	33	3.42	49	3.55
印度	46	44	53	3.08	3.00	3.15	66.4	52	2.77	56	2.89	54	3.98	38	3.14	54	3.09	44	3.58

续 表

	LPI 排名			LPI 得分			占得分最高者的百分比	海关		基础设施		国际货运		物流质量与竞争力		追踪与追溯		及时性	
	排名	下界	上界	得分	下界	上界		排名	得分	排名	得分	排名	得分	排名	得分	排名	得分	排名	得分
墨西哥	47	37	59	3.06	2.94	3.18	66.0	66	2.63	47	3.03	43	3.07	44	3.02	49	3.15	55	3.47
巴林岛	48	33	82	3.05	2.74	3.37	65.7	60	2.67	43	3.08	72	2.83	53	2.94	34	3.42	60	3.42
阿根廷	49	37	61	3.05	2.90	3.10	65.5	83	2.45	52	2.94	32	3.33	51	2.95	38	3.30	72	3.27
摩洛哥	50	37	65	3.03	2.86	3.21	65.0	65	2.64	39	3.14	46	3.01	59	2.89	58	3.01	53	3.51
斯洛伐克	51	33	84	3.03	2.70	3.36	64.9	45	2.88	48	2.99	71	2.84	43	3.07	68	2.84	46	3.57
菲律宾	52	37	67	3.02	2.85	3.20	64.8	67	2.63	62	2.80	56	2.97	39	3.14	39	3.30	69	3.30
越南	53	37	72	3.00	2.81	3.20	64.1	63	2.65	72	2.68	39	3.14	82	2.68	47	3.16	38	3.64
罗马尼亚	54	45	66	3.00	2.85	3.14	63.8	61	2.65	87	2.51	53	2.99	64	2.83	53	3.10	29	3.82
波黑	55	44	71	2.99	2.82	3.15	63.5	62	2.65	57	2.86	49	3.00	54	2.93	71	2.81	41	3.61
乌拉圭	56	44	72	2.98	2.81	3.16	63.5	40	2.99	55	2.87	60	2.91	48	2.98	61	2.98	81	3.16
埃及	57	40	75	2.98	2.79	3.17	63.3	69	2.60	45	3.07	51	3.00	50	2.95	66	2.86	64	3.39
立陶宛	58	36	89	2.95	2.68	3.22	62.3	55	2.73	82	2.58	55	2.97	57	2.91	83	2.73	37	3.70
印度尼西亚	59	46	76	2.94	2.78	3.11	62.2	75	2.53	85	2.54	57	2.97	62	2.85	52	3.12	42	3.61
秘鲁	60	46	76	2.94	2.78	3.09	61.9	58	2.68	67	2.73	66	2.87	56	2.91	60	2.99	62	3.40
巴拿马	61	46	81	2.93	2.75	3.11	61.6	74	2.56	51	2.94	79	2.76	63	2.84	57	3.01	56	3.47
阿曼	62	44	89	2.89	2.63	3.14	60.4	36	3.10	49	2.96	77	2.78	77	2.73	94	2.59	80	3.17

续 表

	LPI 排名			LPI 得分			占得分最高者的百分比	海关		基础设施		国际货运		物流质量与竞争力		追踪与追溯		及时性	
	排名	下界	上界	得分	下界	上界		排名	得分	排名	得分	排名	得分	排名	得分	排名	得分	排名	得分
也门	63	45	89	2.89	2.64	3.14	60.3	110	2.29	74	2.62	38	3.14	69	2.79	51	3.12	70	3.29
哥伦比亚	64	46	87	2.87	2.66	3.08	59.8	64	2.65	68	2.72	78	2.76	52	2.95	85	2.66	57	3.45
爱沙尼亚	65	41	102	2.86	2.55	3.17	59.5	79	2.51	63	2.79	74	2.82	65	2.82	59	3.00	75	3.12
乌克兰	66	55	84	2.85	2.72	2.99	59.3	88	2.41	70	2.69	83	2.72	61	2.85	50	3.15	68	3.31
贝宁	67	41	104	2.85	2.53	3.17	59.3	70	2.50	83	2.57	119	2.44	58	2.90	65	2.87	36	3.74
博茨瓦那	68	36	118	2.84	2.46	3.22	58.9	48	2.82	60	2.82	111	2.53	75	2.74	81	2.73	58	3.43
希腊	69	43	108	2.83	2.50	3.16	58.6	94	2.38	53	2.88	87	2.69	73	2.76	63	2.98	67	3.32
科威特	70	48	93	2.83	2.60	3.06	58.5	53	2.73	61	2.82	90	2.68	84	2.88	62	2.98	87	3.11
巴基斯坦	71	46	98	2.83	2.57	3.08	58.4	46	2.85	71	2.60	68	2.86	72	2.77	90	2.61	83	3.14
毛里求斯	72	47	98	2.82	2.57	3.07	58.2	72	2.58	59	2.83	113	2.50	85	2.64	69	2.83	52	3.52
马拉维	73	48	101	2.81	2.56	3.06	57.8	77	2.51	64	2.78	48	3.01	60	2.85	102	2.56	88	3.09
危地马拉	74	58	89	2.80	2.64	2.97	57.7	68	2.62	81	2.56	75	2.82	71	2.78	73	2.80	77	3.19
塞尔维亚	75	46	106	2.80	2.52	3.08	57.6	92	2.39	75	2.62	80	2.76	66	2.80	55	3.07	82	3.14
拉脱维亚	76	48	109	2.78	2.50	3.06	56.0	56	2.71	86	2.52	84	2.72	93	2.64	64	2.97	90	3.08
格鲁吉亚	77	53	104	2.77	2.54	3.01	56.8	44	2.90	58	2.85	91	2.68	70	2.78	93	2.59	115	2.86
阿尔巴尼亚	78	47	112	2.77	2.48	3.06	56.7	86	2.43	99	2.43	70	2.84	91	2.65	88	2.65	45	3.58

续 表

	LPI排名			LPI得分			占得分最高者的百分比	海关		基础设施		国际货运		物流质量与竞争力		追踪与追溯		及时性	
	排名	下界	上界	得分	下界	上界		排名	得分	排名	得分	排名	得分	排名	得分	排名	得分	排名	得分
厄瓜多尔	79	62	91	2.76	2.61	2.91	56.2	98	2.36	76	2.62	67	2.86	90	2.55	96	2.58	59	3.42
巴哈马	80	55	107	2.75	2.51	2.99	56.1	57	2.63	66	2.77	81	2.72	80	2.59	87	2.65	98	2.99
斯里兰卡	81	50	116	2.75	2.47	3.03	56.0	71	2.58	89	2.50	50	3.00	68	2.30	86	2.65	110	2.90
哥斯达黎加	82	62	94	2.75	2.58	2.91	55.9	80	2.47	80	2.60	69	2.85	101	2.53	72	2.81	78	3.19
科特迪瓦	83	58	108	2.73	2.51	2.96	55.4	107	2.31	114	2.31	62	2.90	78	2.73	84	2.69	65	3.36
马达加斯加	84	53	122	2.72	2.43	3.02	55.1	50	2.80	108	2.40	124	2.40	67	2.80	74	2.80	84	3.13
多米尼加	85	68	102	2.70	2.55	2.85	54.4	76	2.53	77	2.61	73	2.83	76	2.74	110	2.49	100	2.97
哈萨克斯坦	86	61	118	2.69	2.46	2.93	54.2	73	2.58	79	2.60	92	2.67	74	2.75	70	2.83	132	2.73
尼日尔	87	50	130	2.69	2.35	3.04	54.1	59	2.67	96	2.45	61	2.91	105	2.49	109	2.49	91	3.07
坦桑尼亚	88	76	107	2.65	2.52	2.79	52.9	130	2.17	105	2.41	59	2.91	94	2.64	77	2.77	99	2.97
纳米比亚	89	66	120	2.65	2.45	2.88	52.9	54	2.73	69	2.72	114	2.49	88	2.65	67	2.85	144	2.52
玻利维亚	90	62	134	2.61	2.32	2.90	51.6	89	2.40	109	2.39	104	2.60	97	2.58	82	2.73	103	2.95
白俄罗斯	91	68	127	2.61	2.38	2.84	51.6	121	2.24	65	2.78	107	2.58	89	2.65	98	2.58	114	2.87
叙利亚	92	73	127	2.60	2.39	2.82	51.3	104	2.33	84	2.54	100	2.62	107	2.48	125	2.35	73	3.26
萨尔瓦多	93	79	121	2.60	2.44	2.76	51.2	114	2.28	95	2.46	108	2.57	95	2.60	92	2.60	89	3.08
几内亚比绍	94	61	139	2.60	2.23	2.93	51.1	90	2.39	73	2.68	103	2.61	98	2.53	97	2.58	128	2.74

续 表

	LPI 排名			LPI 得分			占得分最高者的百分比	海关		基础设施		国际货运		物流质量与竞争力		追踪与追溯		及时性	
	排名	下界	上界	得分	下界	上界		排名	得分	排名	得分	排名	得分	排名	得分	排名	得分	排名	得分
俄罗斯联邦	95	88	109	2.58	2.49	2.68	50.7	138	2.04	97	2.45	106	2.59	92	2.65	79	2.76	94	3.02
黎巴嫩	96	62	139	2.58	2.23	2.90	50.6	124	2.21	102	2.41	85	2.71	119	2.38	91	2.61	86	3.11
多哥	97	68	134	2.58	2.32	2.84	50.5	112	2.29	94	2.46	40	3.13	124	2.29	115	2.46	123	2.77
中非共和国	98	62	140	2.57	2.25	2.90	50.3	82	2.45	134	2.09	132	2.33	79	2.70	113	2.48	66	3.33
马其顿	99	64	139	2.56	2.23	2.87	50.1	120	2.24	78	2.60	95	2.66	86	2.66	120	2.41	120	2.79
亚美尼亚	100	79	130	2.56	2.35	2.78	50.0	116	2.27	110	2.38	96	2.65	115	2.40	99	2.57	92	3.07
柬埔寨	101	62	142	2.56	2.23	2.89	50.0	108	2.30	128	2.20	101	2.61	103	2.50	78	2.77	104	2.95
约旦	102	65	140	2.56	2.25	2.87	49.8	115	2.27	91	2.48	63	2.88	137	2.17	104	2.55	106	2.92
津巴布韦	103	80	131	2.55	2.34	2.75	49.6	105	2.31	127	2.29	93	2.67	127	2.27	107	2.50	71	3.27
马尔代夫	104	85	128	2.55	2.37	2.72	49.4	119	2.24	93	2.47	117	2.47	81	2.68	118	2.43	102	2.96
洪都拉斯	105	88	127	2.53	2.38	2.69	49.1	91	2.39	111	2.35	86	2.70	109	2.44	126	2.35	108	2.90
喀麦隆	106	85	129	2.53	2.35	2.70	48.9	96	2.37	121	2.24	128	2.37	114	2.41	103	2.55	76	3.19
不丹	107	88	127	2.52	2.38	2.66	48.6	109	2.29	117	2.29	102	2.61	111	2.42	101	2.56	111	2.90
加纳	108	61	146	2.51	2.13	2.89	48.2	103	2.33	136	2.05	76	2.81	83	2.68	133	2.31	125	2.76
老挝	109	69	145	2.50	2.16	2.84	48.0	93	2.38	106	2.40	123	2.40	104	2.49	111	2.49	118	2.82
塞内加尔	110	84	139	2.49	2.25	2.73	47.7	81	2.46	115	2.31	82	2.72	99	2.55	145	2.10	130	2.74

续 表

	LPI 排名			LPI 得分			占得分最高者的百分比	海关		基础设施		国际货运		物流质量与竞争力		追踪与追溯		及时性	
	排名	下界	上界	得分	下界	上界		排名	得分	排名	得分	排名	得分	排名	得分	排名	得分	排名	得分
委内瑞拉	111	88	134	2.49	2.31	2.67	47.7	134	2.10	129	2.17	109	2.54	123	2.33	100	2.57	79	3.18
伊朗	112	84	139	2.49	2.25	2.73	47.6	126	2.19	100	2.42	115	2.49	87	2.66	108	2.49	138	2.66
巴拉圭	113	88	134	2.48	2.30	2.67	47.4	97	2.36	103	2.41	137	2.31	106	2.49	95	2.59	127	2.74
圣多美及普林西比	114	80	142	2.48	2.21	2.75	47.4	100	2.33	122	2.24	136	2.33	113	2.42	76	2.78	121	2.78
几内亚	115	79	144	2.48	2.19	2.77	47.4	87	2.42	112	2.34	94	2.67	96	2.59	131	2.33	147	2.50
阿塞拜疆	116	59	153	2.48	2.02	2.95	47.4	147	1.92	101	2.42	120	2.43	143	2.14	80	2.75	74	3.23
乌兹别克斯坦	117	61	153	2.46	2.00	2.93	46.9	118	2.25	120	2.25	127	2.38	117	2.39	105	2.53	101	2.96
甘比亚	118	86	142	2.46	2.23	2.70	46.8	111	2.29	147	1.90	98	2.63	100	2.55	75	2.80	142	2.55
利比里亚	119	88	142	2.45	2.22	2.68	46.3	140	2.00	104	2.41	110	2.54	108	2.46	119	2.42	117	2.84
黑山	120	88	142	2.45	2.21	2.69	46.3	106	2.31	116	2.30	141	2.22	120	2.35	89	2.62	112	2.89
尼日利亚	121	90	140	2.45	2.24	2.65	46.3	146	1.97	118	2.27	105	2.60	102	2.52	128	2.35	105	2.92
肯尼亚	122	85	145	2.43	2.15	2.71	45.9	136	2.08	130	2.16	88	2.69	118	2.38	130	2.34	113	2.88
斐济	123	88	144	2.42	2.17	2.60	45.4	137	2.07	123	2.22	122	2.41	136	2.18	112	2.48	85	3.12
牙买加	124	94	140	2.42	2.24	2.68	45.3	123	2.22	119	2.27	121	2.43	132	2.21	117	2.43	107	2.91
阿尔及利亚	125	88	145	2.41	2.15	2.61	45.3	117	2.28	139	2.02	89	2.68	145	2.13	114	2.46	116	2.85

续 表

	LPI 排名			LPI 得分			占得分最高者的百分比	海关		基础设施		国际货运		物流质量与竞争力		追踪与追溯		及时性	
	排名	下界	上界	得分	下界	上界		排名	得分	排名	得分	排名	得分	排名	得分	排名	得分	排名	得分
所罗门群岛	126	90	142	2. 41	2. 21	2. 68	45. 2	95	2. 37	137	2. 03	118	2. 44	144	2. 14	122	2. 39	93	3. 04
毛里塔尼亚	127	88	146	2. 40	2. 12	2. 68	44. 7	102	2. 33	113	2. 34	112	2. 52	125	2. 28	135	2. 28	139	2. 60
巴布亚新几内亚	128	90	146	2. 38	2. 13	2. 62	44. 0	145	1. 98	126	2. 20	131	2. 34	135	2. 18	106	2. 51	95	3. 01
缅甸	129	90	148	2. 37	2. 10	2. 64	43. 8	122	2. 24	133	2. 10	116	2. 47	110	2. 42	129	2. 34	140	2. 59
吉尔吉斯斯坦	130	107	144	2. 35	2. 18	2. 52	43. 4	84	2. 45	90	2. 49	147	2. 00	129	2. 25	132	2. 31	135	2. 69
加蓬	131	82	153	2. 34	1. 94	2. 75	43. 0	142	2. 00	143	2. 00	125	2. 40	116	2. 40	137	2. 20	96	3. 00
摩尔多瓦	132	107	146	2. 33	2. 14	2. 52	42. 6	129	2. 17	98	2. 44	145	2. 08	142	2. 15	116	2. 44	126	2. 74
圭亚那	133	107	146	2. 33	2. 13	2. 52	42. 5	113	2. 29	131	2. 15	129	2. 35	122	2. 33	140	2. 14	136	2. 67
布基纳法索	134	95	150	2. 32	2. 05	2. 60	42. 3	132	2. 12	107	2. 40	133	2. 33	126	2. 28	142	2. 13	137	2. 67
阿富汗	135	117	146	2. 30	2. 13	2. 47	41. 5	99	2. 33	141	2. 00	134	2. 33	139	2. 16	146	2. 10	119	2. 80
塔吉克斯坦	136	105	151	2. 28	2. 03	2. 53	41. 1	85	2. 43	138	2. 03	135	2. 33	130	2. 22	143	2. 13	146	2. 51
利比亚	137	113	150	2. 28	2. 08	2. 49	41. 0	135	2. 08	152	1. 75	99	2. 63	128	2. 25	123	2. 38	145	2. 51
安哥拉	138	108	151	2. 28	2. 03	2. 52	40. 8	101	2. 33	92	2. 48	139	2. 26	149	2. 00	147	2. 00	141	2. 59
卢旺达	139	113	150	2. 27	2. 05	2. 49	40. 5	127	2. 19	148	1. 88	138	2. 27	147	2. 06	121	2. 39	124	2. 76
蒙古	140	123	150	2. 25	2. 07	2. 43	40. 0	144	1. 98	125	2. 22	142	2. 13	152	1. 88	134	2. 29	97	2. 99

续 表

	LPI 排名			LPI 得分			占得分最高者的百分比	海关		基础设施		国际货运		物流质量与竞争力		追踪与追溯		及时性	
	排名	下界	上界	得分	下界	上界		排名	得分	排名	得分	排名	得分	排名	得分	排名	得分	排名	得分
埃塞俄比亚	141	127	150	2.24	2.07	2.40	39.6	139	2.03	124	2.22	139	2.35	140	2.15	144	2.10	143	2.54
莱索托	142	92	153	2.24	1.87	2.61	39.5	143	2.00	132	2.13	143	2.13	112	2.42	148	1.99	131	2.73
刚果民主共和国	143	127	153	2.21	2.01	2.40	38.6	133	2.10	144	1.96	140	2.23	138	2.17	124	2.35	149	2.38
古巴	144	129	153	2.20	2.02	2.37	38.3	128	2.18	135	2.08	144	2.12	131	2.21	136	2.26	152	2.31
伊拉克	145	132	153	2.18	1.98	2.34	37.1	152	1.75	146	1.92	126	2.38	134	2.19	151	1.86	122	2.77
科摩罗	146	130	153	2.14	1.92	2.36	36.5	141	2.00	145	1.94	153	1.81	133	2.20	138	2.20	134	2.70
厄立特里亚	147	106	154	2.11	1.69	2.53	35.5	151	1.78	150	1.83	97	2.63	148	2.03	152	1.83	148	2.43
苏丹	148	128	153	2.10	1.83	2.38	35.3	131	2.14	140	2.01	150	1.93	121	2.33	150	1.89	151	2.31
刚果共和国	149	135	153	2.08	1.85	2.31	34.7	149	1.80	155	1.27	149	1.94	141	2.15	127	2.35	109	2.90
塞拉利昂	150	130	154	2.08	1.80	2.36	34.5	153	1.73	88	2.50	152	1.85	151	1.98	141	2.14	150	2.35
尼泊尔	151	134	154	2.04	1.74	2.33	33.1	125	2.20	149	1.87	151	1.86	146	2.12	149	1.95	153	2.21
乍得	152	129	154	2.03	1.68	2.37	32.9	148	1.86	142	2.00	146	2.00	150	2.00	155	1.57	133	2.71
海地	153	145	153	2.03	1.87	2.19	32.8	150	1.78	151	1.78	148	1.94	154	1.74	139	2.15	129	2.74
吉布提	154	154	155	1.80	1.58	2.02	25.5	154	1.72	154	1.51	154	1.77	153	1.84	153	1.73	154	2.19
布隆迪	155	154	155	1.61	1.29	1.93	19.5	155	1.67	153	1.68	155	1.57	155	1.43	154	1.67	155	1.67

注：LPI 指数是对物流绩效的多维度评估，打分从 1（最差）到 5（最好）。LPI 调查获得的六个核心构成要素由受访者从 1 ~ 5 打分，其中 1 表示非常低或者非常难，5 表示非常高或者非常简单，15 题是个例外，此题中 1 表示几乎没有 5 表示几乎总是。

资料来源：2012 年物流绩效指数。

附录2　国内 LPI 结果（根据地区和收入组）

表 A2.1　　国际 LPI 结果

问题	回答类型	地区						收入组			
		东亚和太平洋	欧洲和中亚	拉美和加勒比	中东和北非	南亚	撒哈拉以南的非洲	低收入	中低收入	中高收入	高收入
17 题：费用和收费水平											
港口收费	低或者非常低	38	45	52	55	37	68	60	57	47	43
	高或者非常高	11	9	15	19	6	17	11	7	22	11
航空收费	低或者非常低	31	44	52	47	19	63	53	55	41	38
	高或者非常高	7	5	11	29	14	16	13	11	16	9
公路运输费用	低或者非常低	6	32	59	20	47	69	73	51	39	32
	高或者非常高	15	25	8	39	10	7	7	12	23	22
铁路运输费用	低或者非常低	30	38	25	19	29	30	37	29	24	30
	高或者非常高	21	18	48	38	31	30	35	22	37	14
仓储和转载费用	低或者非常低	41	33	51	39	24	46	38	45	40	34
	高或者非常高	10	24	13	27	37	11	13	19	19	15
代理商费用	低或者非常低	18	23	27	42	15	25	21	32	23	21
	高或者非常高	24	28	20	14	34	32	32	19	28	18

续 表

问题	回答类型	地区						收入组			
		东亚和太平洋	欧洲和中亚	拉美和加勒比	中东和北非	南亚	撒哈拉以南的非洲	低收入	中低收入	中高收入	高收入
18 题：基础设施质量											
港口	低或者非常低	41	43	45	40	61	39	57	34	42	12
	高或者非常高	18	14	21	25	16	18	17	21	17	60
航空港	低或者非常低	41	24	36	40	32	27	39	29	29	8
	高或者非常高	22	33	24	29	23	10	11	17	32	62
公路	低或者非常低	56	51	50	29	72	55	66	50	44	13
	高或者非常高	14	15	15	5	7	12	6	10	18	60
仓储和转载设施	低或者非常低	58	57	91	55	53	78	78	67	67	34
	高或者非常高	3	12	4	10	8	1	6	2	8	28
铁路	低或者非常低	48	36	30	53	50	48	60	43	30	4
	高或者非常高	15	27	19	19	11	15	9	17	26	64
电信和信息技术	低或者非常低	26	9	20	44	27	30	44	18	18	4
	高或者非常高	41	43	39	39	35	28	18	40	45	79
19 题：服务质量与竞争力											
公路	低或者非常低	37	16	37	31	33	33	50	18	29	6
	高或者非常高	16	33	15	15	19	13	9	18	24	59

续 表

问题	回答类型	地区						收入组			
		东亚和太平洋	欧洲和中亚	拉美和加勒比	中东和北非	南亚	撒哈拉以南的非洲	低收入	中低收入	中高收入	高收入
19 题：服务质量与竞争力											
铁路	低或者非常低	57	43	87	69	65	68	80	55	66	26
	高或者非常高	5	19	3	7	7	10	9	10	8	38
航空	低或者非常低	21	18	16	16	10	20	25	21	10	4
	高或者非常高	39	43	34	31	28	19	20	26	42	73
海上运输	低或者非常低	20	23	10	12	13	24	31	17	11	3
	高或者非常高	24	30	41	21	30	26	24	26	36	67
仓储转载与分配	低或者非常低	35	19	16	64	28	29	36	31	21	6
	高或者非常高	20	39	33	10	16	13	7	22	35	65
货运代理人	低或者非常低	5	8	4	38	1	14	21	4	11	0
	高或者非常高	25	54	53	24	45	33	27	38	51	76
海关机构	低或者非常低	50	29	26	38	19	39	47	35	24	12
	高或者非常高	12	53	29	31	23	16	16	25	37	60
质量标准监察机构	低或者非常低	49	22	27	38	39	45	52	38	24	8
	高或者非常高	13	30	14	12	17	19	16	15	22	57
健康卫生和植物检疫机构	低或者非常低	47	35	42	34	65	55	60	48	35	13
	高或者非常高	7	30	13	21	8	11	7	12	24	54

续　表

问题	回答类型	地区						收入组			
		东亚和太平洋	欧洲和中亚	拉美和加勒比	中东和北非	南亚	撒哈拉以南的非洲	低收入	中低收入	中高收入	高收入
19 题：服务质量与竞争力											
海关经纪人	低或者非常低	24	10	22	43	6	22	31	12	22	8
	高或者非常高	16	39	19	31	25	23	20	23	31	69
贸易和运输协会	低或者非常低	42	23	37	51	30	41	50	35	30	13
	高或者非常高	16	30	16	20	14	12	12	12	26	50
承销人和装货人	低或者非常低	17	11	14	18	10	25	29	12	14	4
	高或者非常高	15	31	33	30	19	24	18	26	32	56
20 题：处理过程效率											
进口商品通关和运送	几乎没有或者极少	9	20	21	37	24	27	39	17	17	5
	经常或者几乎总是	56	51	52	35	39	43	41	41	50	88
出口商品通关和运送	几乎没有或者极少	6	10	11	19	32	8	14	9	13	4
	经常或者几乎总是	75	73	62	65	59	60	69	62	71	85
海关通关透明度	几乎没有或者极少	32	22	27	39	41	22	38	28	19	8
	经常或者几乎总是	26	54	50	34	24	43	34	35	54	80
其他边境机构透明度	几乎没有或者极少	42	22	25	28	42	29	48	28	17	9
	经常或者几乎总是	14	52	49	41	25	31	33	35	43	72

续 表

问题	回答类型	地区						收入组			
		东亚和太平洋	欧洲和中亚	拉美和加勒比	中东和北非	南亚	撒哈拉以南的非洲	低收入	中低收入	中高收入	高收入
20 题：处理过程效率											
及时充分提供法规变化的信息	几乎没有或者极少	45	21	39	64	55	42	55	41	31	20
	经常或者几乎总是	23	52	40	19	26	31	19	39	45	64
对于依从性高的贸易商快速通关	几乎没有或者极少	27	13	27	34	37	47	56	29	18	14
	经常或者几乎总是	25	50	42	42	35	22	20	34	45	65
21 题：主要滞后原因											
强制性的仓储和转载	经常或者几乎总是	24	31	34	37	36	33	46	35	21	7
	几乎没有或者极少	31	36	28	29	29	30	27	22	40	73
装船前检查	经常或者几乎总是	33	32	30	54	33	38	50	44	20	13
	几乎没有或者极少	22	34	22	12	26	41	33	22	34	70
海运转船	经常或者几乎总是	14	46	30	42	28	56	64	36	29	12
	几乎没有或者极少	21	22	29	12	24	6	7	18	24	56
犯罪活动（如偷盗货物）	经常或者几乎总是	10	7	19	14	5	14	19	13	9	4
	几乎没有或者极少	63	75	45	52	53	55	50	54	50	80
非正式费用的索取	经常或者几乎总是	19	25	34	24	35	26	42	28	16	5
	几乎没有或者极少	35	47	38	32	23	30	23	27	51	77

续　表

问题	回答类型	地区						收入组			
		东亚和太平洋	欧洲和中亚	拉美和加勒比	中东和北非	南亚	撒哈拉以南的非洲	低收入	中低收入	中高收入	高收入
22 题：2009 年以来物流环境的变化											
海关通关程序	恶化或者严重恶化	8	24	23	19	5	17	17	21	16	10
	改进或者大为改善	41	51	49	49	53	49	42	49	54	63
其他官方通关手续	恶化或者严重恶化	4	22	16	16	9	11	13	14	15	10
	改进或者大为改善	34	45	37	45	49	29	31	32	46	46
贸易和运输基础设施	恶化或者严重恶化	3	11	22	18	26	10	12	12	17	5
	改进或者大为改善	45	47	37	56	31	57	45	44	53	51
电信和信息技术基础设施	恶化或者严重恶化	2	0	7	15	4	3	6	4	4	1
	改进或者大为改善	63	74	72	54	63	76	67	71	72	71
私营物流服务	恶化或者严重恶化	3	0	1	15	4	0	1	3	3	1
	改进或者大为改善	70	81	74	63	58	65	59	75	73	64
物流相关法规	恶化或者严重恶化	5	0	18	29	9	9	10	12	11	12
	改进或者大为改善	48	29	31	35	48	37	33	42	32	35
非正式费用的索取	恶化或者严重恶化	6	10	20	18	15	29	28	21	11	5
	改进或者大为改善	38	34	37	21	16	20	19	23	37	43

注：数据是基于国家水平的计算并被地区和收入组平均。

资料来源：2012 年物流绩效指数。

附录 3　国内 LPI 结果——时间和成本数据

表 A3.1　　**国内 LPI 结果——时间和成本数据（问题 23 和问题 25）**

	问题 23：出口时间和费用						问题 25：进口时间和费用					
	港口或航空港供应链[a]			陆路供应链[b]			港口或航空港供应链[c]			陆路供应链[b]		
	距离[d]（千米）	交付周期（天）	费用[e]（美元）	距离（千米）	交付周期（天）	费用[f]（美元）	距离（千米）	交付周期（天）	费用[e]（美元）	距离（千米）	交付周期（天）	费用[f]（美元）
阿富汗	25	5	250	—	—	—	—	—	—	—	—	—
阿尔巴尼亚	75	11	750	—	—	—	—	—	—	75	7	1000
阿尔及利亚	75	8	1000	—	—	—	750	39	2000	—	—	—
阿根廷	55	5	943	130	16	1145	84	11	822	25	—	750
亚美尼亚	—	—	—	—	—	—	—	—	—	—	—	—
澳大利亚	30	4	1020	43	2	433	43	3	785	75	7	1500
奥地利	—	—	—	—	—	—	—	—	—	—	—	—
阿塞拜疆	—	—	—	—	—	—	—	—	—	—	—	—
巴哈马群岛	25	3	3. 000	—	—	—	25	3	2000	—	—	—
巴林岛	25	2	250	25	2	250	25	2	250	25	2	250
孟加拉国	181	3	1257	—	—	—	301	6	1. 089	—	—	—
白俄罗斯	300	2	1000	775	3	1061	750	3	1500	387	3	2121
比利时	144	2	707	775	3	750	149	3	585	237	3	433
贝宁	—	—	—	—	—	—	—	—	—	—	—	—

续 表

	问题23：出口时间和费用						问题25：进口时间和费用					
	港口或航空港供应链[a]			陆路供应链[b]			港口或航空港供应链[c]			陆路供应链[b]		
	距离[d]（千米）	交付周期（天）	费用[e]（美元）	距离（千米）	交付周期（天）	费用[f]（美元）	距离（千米）	交付周期（天）	费用[e]（美元）	距离（千米）	交付周期（天）	费用[f]（美元）
玻利维亚	2000	3	1500	2000	3	1500	2000	3	3000	2000	3	3000
波黑	300	2	354	750	3	474	300	2	354	750	3	612
博茨瓦纳	—	—	—	1250	9	4000	—	—	—	750	7	4000
巴西	150	2	612	83	3	439	150	2	274	150	5	750
保加利亚	257	2	944	667	3	1277	189	2	1030	550	3	1287
布基纳法索	—	—	—	—	—	—	—	—	—	—	—	—
布隆迪	2000	6	4000	300	1	1500	2000	18	5000	300	2	4000
柬埔寨	111	2	565	444	3	1060	118	2	865	240	3	1159
喀麦隆	—	18	2000	—	—	—	—	45	3162	—	—	—
加拿大	233	2	646	325	2	734	152	2	736	389	2	748
中非共和国	—	—	—	—	—	5000	2000	12	5000	2000	12	5000
乍得	3500	25	—	3500	74	5000	2000	32	5000	3500	74	5000
智利	114	2	1861	300	2	750	83	2	909	—	—	—
中国	162	3	454	215	3	645	133	4	453	171	3	637
哥伦比亚	160	4	1275	—	—	—	430	8	1783	—	—	—
刚果民主共和国	300	88	5000	—	—	—	—	—	—	—	—	—

续　表

	问题23：出口时间和费用						问题25：进口时间和费用					
	港口或航空港供应链[a]			陆路供应链[b]			港口或航空港供应链[c]			陆路供应链[b]		
	距离[d]（千米）	交付周期（天）	费用[e]（美元）	距离（千米）	交付周期（天）	费用[f]（美元）	距离（千米）	交付周期（天）	费用[e]（美元）	距离（千米）	交付周期（天）	费用[f]（美元）
刚果共和国	87	11	1000	—	—	—	—	—	—	75	—	—
哥斯达黎加	125	2	849	300	6	500	79	1	438	—	—	—
科特迪瓦	25	2	1000	—	—	—	680	5	1145	137	1	474
克罗地亚	150	1	866	255	2	641	25	8	2000	—	—	—
塞浦路斯	75	1	750	—	—	—	75	2	750	—	—	—
捷克共和国	—	—	—	—	—	—	—	—	—	—	—	—
丹麦	75	2	612	300	2	500	300	2	500	87	3	612
多米尼加共和国	43	2	500	—	—	—	43	2	500	—	—	—
厄瓜多尔	25	2	612	750	5	1000	36	4	979	750	9	1000
埃及	280	2	773	578	4	1. 097	346	3	1123	1024	6	1392
萨尔瓦多	344	2	595	—	—	—	630	5	806	474	5	433
爱沙尼亚	75	1	500	75	1	250	75	1	600	75	1	250
埃塞俄比亚	750	4	1000	750	4	1000	1250	3	1000	1250	5	1500
芬兰	509	4	1000	453	4	977	252	3	592	296	2	804
法国	300	2	500	300	2	500	750	9	1500	300	4	1500

续　表

	问题23：出口时间和费用						问题25：进口时间和费用					
	港口或航空港供应链[a]			陆路供应链[b]			港口或航空港供应链[c]			陆路供应链[b]		
	距离[d]（千米）	交付周期（天）	费用[e]（美元）	距离（千米）	交付周期（天）	费用[f]（美元）	距离（千米）	交付周期（天）	费用[e]（美元）	距离（千米）	交付周期（天）	费用[f]（美元）
甘比亚	25	2	500	—	—	—	25	3	500	—	—	—
格鲁吉亚	429	6	572	297	8	630	1025	12	612	1025	15	707
德国	150	1	1500	868	5	1784	150	1	1500	483	4	1145
加纳	300	2	775	300	3	775	300	19	866	150	6	1000
希腊	300	1	1000	75	1	3000	300	2	3000	300	7	4000
危地马拉	189	4	1957	300	4	612	162	4	1310	—	—	—
几内亚	—	—	—	—	—	—	—	—	—	—	—	—
海地	130	6	909	300	7	500	78	12	1587	300	9	750
洪都拉斯	52	3	500	25	3	750	75	2	354	—	3	750
香港特别行政区	36	1	270	87	1	354	41	1	309	25	1	274
匈牙利	474	2	—	474	2	868	474	2	750	300	3	1000
冰岛	—	—	—	—	—	—	—	—	—	—	—	—
印度	626	3	918	197	3	1043	375	3	1097	241	4	921
印度尼西亚	81	2	415	104	3	309	78	3	501	104	5	426
伊朗	43	3	387	750	10	500	75	4	150	—	—	—

续 表

	问题23：出口时间和费用						问题25：进口时间和费用					
	港口或航空港供应链[a]			陆路供应链[b]			港口或航空港供应链[c]			陆路供应链[b]		
	距离[d]（千米）	交付周期（天）	费用[e]（美元）	距离（千米）	交付周期（天）	费用[f]（美元）	距离（千米）	交付周期（天）	费用[e]（美元）	距离（千米）	交付周期（天）	费用[f]（美元）
伊拉克	75	3	1500	—	—	—	300	5	2000	300	4	2000
爱尔兰	25	1	194	1620	7	2121	25	2	250	137	7	1732
以色列	115	2	487	489	8	1061	81	2	595	775	5	1000
意大利	300	3	909	300	2	750	300	4	794	300	3	1000
牙买加	25	14	750	—	—	—	75	14	750	—	—	—
日本	392	1	931	75	1	707	171	1	931	75	1	866
约旦	300	3	572	483	5	909	300	5	1000	—	—	—
哈萨克斯坦	25	2	500	—	—	—	—	—	—	—	—	—
肯尼亚	132	2	1455	478	8	1651	253	4	3203	889	7	2289
韩国	300	2	572	300	3	500	300	3	707	300	3	500
科威特	75	2	500	—	—	—	75	3	500	—	—	—
吉尔吉斯共和国	25	1	500	—	—	—	—	—	—	—	—	—
老挝	—	—	—	—	2	1500	—	—	—	—	3	1500
黎巴嫩	60	2	672	79	3	1145	82	3	975	94	3	1285
利比里亚	—	—	—	—	—	—	—	—	—	—	—	—
利比亚	43	2	548	750	1	150	25	4	671	—	—	—

续 表

	问题23：出口时间和费用						问题25：进口时间和费用					
	港口或航空港供应链[a]			陆路供应链[b]			港口或航空港供应链[c]			陆路供应链[b]		
	距离[d]（千米）	交付周期（天）	费用[e]（美元）	距离（千米）	交付周期（天）	费用[f]（美元）	距离（千米）	交付周期（天）	费用[e]（美元）	距离（千米）	交付周期（天）	费用[f]（美元）
卢森堡	—	—	—	—	—	—	—	—	—	—	—	—
马其顿王国	—	—	—	1250	2	1500	—	—	—	237	1	474
马达加斯加	300	2	2000	—	—	—	300	5	3000	—	—	—
马拉维	25	—	5000	—	6	3.000	—	—	—	—	—	—
马来西亚	73	3	285	172	2	298	84	2	285	105	2	298
马尔代夫	300	4	500	—	—	—	—	—	—	—	—	—
马里	—	5	5000	1250	6	5000	1250	7	5000	1250	6	5000
马耳他	25	2	250	25	2	1000	25	2	250	25	2	1000
毛里塔尼亚	25	8	3000	300	2	2000	25	7	2000	300	5	3000
毛里求斯	43	1	750	25	1	1000	25	1	750	25	1	1000
墨西哥	398	3	884	1617	3	707	352	6	1413	2.092	5	1000
摩尔多瓦	—	—	—	300	4	1500	—	—	—	300	7	1500
蒙古	230	5	487	237	18	2081	224	4	794	638	10	1974
黑山	—	—	—	—	—	—	—	—	—	—	—	—
摩洛哥	247	3	500	1025	3	1118	247	3	500	1025	3	1118
莫桑比克	—	—	—	750	4	3000	—	—	—	25	4	250
缅甸	25	1	150	25	1	150	25	1	150	25	1	150
纳米比亚	131	2	794	150	2	707	300	3	1145	300	2	866
尼泊尔	—	—	—	777	7	1651	286	5	1957	712	8	2322

续 表

	问题23：出口时间和费用						问题25：进口时间和费用					
	港口或航空港供应链[a]			陆路供应链[b]			港口或航空港供应链[c]			陆路供应链[b]		
	距离[d]（千米）	交付周期（天）	费用[e]（美元）	距离（千米）	交付周期（天）	费用[f]（美元）	距离（千米）	交付周期（天）	费用[e]（美元）	距离（千米）	交付周期（天）	费用[f]（美元）
荷兰	43	2	354	—	—	—	43	2	500	—	—	—
新西兰	43	2	262	81	2	420	57	3	572	75	3	612
尼加拉瓜	403	8	3464	553	3	1040	512	—	4472	553	3	1040
尼日利亚	297	4	1261	75	2	500	183	4	1587	750	3	3000
挪威	—	—	—	—	—	—	—	—	—	—	—	—
阿曼	—	—	—	—	—	—	—	—	—	—	—	—
巴基斯坦	274	3	731	369	3	1051	363	5	926	570	5	1540
巴拿马	36	2	383	150	2	2121	162	3	1310	43	3	866
巴拉圭	—	—	—	300	3	2000	300	2	2000	300	2	2000
秘鲁	43	1	866	—	—	—	25	2	866	—	—	—
菲律宾	155	3	500	87	1	866	296	4	1732	25	2	1500
波兰	750	4	—	968	3	—	750	2	1500	474	2	1500
葡萄牙	113	2	539	43	1	194	25	2	440	25	1	194
卡塔尔	75	2	750	—	—	—	75	3	1000	—	—	—
罗马尼亚	474	2	707	474	5	1225	474	2	750	474	6	1061
俄罗斯联邦	740	2	2000	3500	5	5000	1620	3	3162	—	—	—
沙特阿拉伯	132	5	506	186	3	932	145	6	1225	43	4	410
塞内加尔	—	7	—	—	—	—	582	9	1310	—	—	—
塞尔维亚	—	—	—	474	3	1061	—	—	—	1250	4	1500

续　表

	问题23：出口时间和费用						问题25：进口时间和费用					
	港口或航空港供应链[a]			陆路供应链[b]			港口或航空港供应链[c]			陆路供应链[b]		
	距离[d]（千米）	交付周期（天）	费用[e]（美元）	距离（千米）	交付周期（天）	费用[f]（美元）	距离（千米）	交付周期（天）	费用[e]（美元）	距离（千米）	交付周期（天）	费用[f]（美元）
塞拉利昂	300	2	4000	300	2	4000	300	2	4000	300	2	4000
新加坡	130	2	178	25	2	250	130	2	266	25	2	250
斯洛伐克	474	2	707	474	2	1030	750	2	866	377	2	1140
南非	364	2	1861	553	3	1442	320	3	2000	474	4	1732
西班牙	114	1	515	256	2	721	150	2	658	300	1	1000
斯里兰卡	43	2	616	43	1	658	50	2	575	43	2	1732
苏丹	414	3	866	1250	3	1040	1054	8	1442	968	9	1225
瑞典	87	1	500	300	1	500	300	2	612	—	—	—
瑞士	697	7	1107	852	4	1456	256	6	1145	407	2	1145
阿拉伯叙利亚共和国	300	3	866	300	3	3000	300	4	1225	300	5	3000
中国台湾	43	1	324	49	1	306	38	2	258	25	1	178
塔吉克斯坦	3500	2	—	—	—	—	3500	2	—	—	—	—
坦桑尼亚	—	—	—	—	—	—	—	—	—	—	—	—
泰国	300	2	707	300	2	250	189	1	1000	300	2	—
多哥	—	—	—	2000	13	5000	2000	15	5000	—	—	—
突尼斯	300	2	250	—	—	—	300	1	250	—	—	—
土耳其	101	2	806	458	3	1670	122	2	831	562	4	1362
乌干达	—	—	—	3500	7	5000	3500	81	5000	—	—	—

续　表

	问题 23：出口时间和费用						问题 25：进口时间和费用					
	港口或航空港供应链[a]			陆路供应链[b]			港口或航空港供应链[c]			陆路供应链[b]		
	距离[d]（千米）	交付周期（天）	费用[e]（美元）	距离（千米）	交付周期（天）	费用[f]（美元）	距离（千米）	交付周期（天）	费用[e]（美元）	距离（千米）	交付周期（天）	费用[f]（美元）
乌克兰	87	2	866	137	2	1061	75	2	5000	150	6	1732
阿拉伯联合酋长国	166	1	495	427	3	626	103	2	618	455	3	743
英国	377	3	1000	565	2	1414	150	5	1225	565	4	2566
美国	206	2	680	346	3	745	126	2	603	273	3	729
乌拉圭	300	14	750	—	—	—	—	—	—	—	—	—
乌兹别克斯坦	—	—	—	—	—	—	474	25	1118	474	23	1000
委内瑞拉	300	7	2121	612	5	1732	300	7	2739	1025	5	2000
越南	53	3	310	59	2	293	63	2	361	55	2	289
也门	—	—	—	—	—	—	—	—	—	—	—	—
赞比亚	2000	5	5000	2000	5	5000	2000	7	5000	2000	7	5000
津巴布韦	—	4	1936	—	3	3500	—	4	2943	—	4	2866

注：—表示数据未获得；

a 表示从源地（销售者的工厂，通常位于首府或是最大的商业中心）到装卸的港口（港口/机场），并排除国际货运；

b 表示从源地（销售者的工厂，通常位于首府或是最大的商业中心）到购买者的仓库；

c 表示从卸货港口到购买者的仓库；

d 表示港口和机场距离指标的总和；

e 表示一个 40 英尺干集装箱或一个半拖挂车的一般费用（总运费包括代理费、港口、机场或其他费用）；

f 表示一个 40 英尺干集装箱或一个半拖挂车的一般费用（总费用包括代理费和其他费用）。

资料来源：2012 年物流绩效指数。

表 A3.2　　国内 LPI 结果——时间和成本数据（问题 26 ~ 问题 29，问题 31 ~ 问题 32）

	问题 26：符合质量标准的货运百分比（%）	问题 27：机构数量		问题 28：表格数量		问题 29：清关时间（天）[a]		问题 31：实物检查	问题 32：多重检查
	货运百分比（%）	进口	出口	进口	出口	没有实物检查	进行实物检查	进口货运的百分比（%）	进行实物检查的货运百分比（%）
阿富汗	40	3	3	3	3	2	2	3	3
阿尔巴尼亚	40	1	1	3	2	1	1	50	50
阿尔及利亚	83	4	2	4	2	8	3	75	35
阿根廷	73	3	3	3	3	2	3	26	20
亚美尼亚	—	2	2						
澳大利亚	73	2	2	3	2	1	3	6	2
奥地利	—	—	—	—	—	—	—	—	—
阿塞拜疆	—	—	—	—	—	—	—	—	—
巴哈马群岛	93	5	5	2	2	1	1	18	1
巴林岛	88	5	5	2	2	1	1	18	1
孟加拉国	79	4	4	5	4	3	4	10	5
白俄罗斯	72	2	2	3	3	1	1	7	2
比利时	93	2	2	2	2	0	1	2	1

续　表

	问题26：符合质量标准的货运百分比（%）	问题27：机构数量		问题28：表格数量		问题29：清关时间（天）[a]		问题31：实物检查	问题32：多重检查
	货运百分比（%）	进口	出口	进口	出口	没有实物检查	进行实物检查	进口货运的百分比（%）	进行实物检查的货运百分比（%）
贝宁	40	4	4	2	2	5	6	11	7
玻利维亚	93	4	2	1	1	7	15	50	35
波黑	89	2	2	3	3	1	1	50	6
博茨瓦纳	83	1	1	1		2	4	18	3
巴西	70	2	2	2	2	1	1	7	2
保加利亚	87	2	2	2	2	1	1	7	2
布基纳法索	—	—	—	—	—	—	—	—	—
布隆迪	40	3	2	4	3	4	5	50	3
柬埔寨	93	3	3	5	5	1	1	11	3
喀麦隆	84	7	5	6	6	2	4	9	6
加拿大	83	2	1	2	2	1	3	3	2
中非共和国	40	3	4	3	5	3	4	75	3

续 表

	问题26：符合质量标准的货运百分比（%）	问题27：机构数量		问题28：表格数量		问题29：清关时间（天）[a]		问题31：实物检查	问题32：多重检查
	货运百分比（%）	进口	出口	进口	出口	没有实物检查	进行实物检查	进口货运的百分比（%）	进行实物检查的货运百分比（%）
乍得	40	3	2	4	3	6	7	30	7
智利	89	2	2	3	3	1	1	10	5
中国	69	3	3	6	5	2	4	17	5
哥伦比亚	74	3	3	3	2	1	2	13	1
刚果民主共和国	—	—	—	—	—	—	—	—	—
刚果共和国	83	2	—	2	2	—	—	1	3
哥斯达黎加	64	3	3	2	2	1	2	3	1
克罗地亚	74	2	2	2	2	1	1	14	1
科特迪瓦	88	3	3	11	8	1	2	3	1
塞浦路斯	88	2	2	1	1	0	1	3	1
捷克共和国	—	—	—	—	—	—	—	—	—
丹麦	89	2	1	2	1	1	1	1	1

续　表

	问题26：符合质量标准的货运百分比（%）	问题27：机构数量		问题28：表格数量		问题29：清关时间（天）[a]		问题31：实物检查	问题32：多重检查
	货运百分比（%）	进口	出口	进口	出口	没有实物检查	进行实物检查	进口货运的百分比（%）	进行实物检查的货运百分比（%）
多米尼加共和国	96	3	3	2	2	1	3	15	1
厄瓜多尔	89	3	3	3	3	2	4	14	7
埃及	70	4	2	5	3	2	4	25	7
萨尔瓦多	85	3	3	3	3	0	2	5	4
爱沙尼亚	88	1	1	1	1	0	0	3	3
埃塞俄比亚	83	—	—	—	—	—	—	—	—
芬兰	79	1	1	1	2	0	1	1	1
法国	97	3	3	4	4	3	2	1	1
冈比亚	83	3	3	3	3	1	1	75	1
格鲁吉亚	87	2	2	3	3	1	1	5	2
德国	80	1	1	2	2	0	1	3	2
加纳	57	4	4	3	2	1	1	42	4

续 表

	问题26：符合质量标准的货运百分比（%）	问题27：机构数量		问题28：表格数量		问题29：清关时间（天）[a]		问题31：实物检查	问题32：多重检查
	货运百分比（%）	进口	出口	进口	出口	没有实物检查	进行实物检查	进口货运的百分比（%）	进行实物检查的货运百分比（%）
希腊	93	—	—	—	—	—	—	—	—
危地马拉	89	2	3	1	1	1	2	20	2
几内亚	—	—	—	—	—	—	—	—	—
海地	51	4	2	3	2	1	2	25	2
洪都拉斯	86	1	2	3	3	2	6	41	7
香港特别行政区	79	2	1	1	1	0	0	1	1
匈牙利	95	3	2	2	2	1	1	3	3
冰岛	—	—	—	—	—	—	—	—	—
印度	59	3	3	6	5	2	4	35	16
印度尼西亚	51	5	5	5	3	1	4	31	18
伊朗	40	—	—	6	2	3	3	75	75
伊拉克	40	3	2	5	5	2	4	18	1

续 表

	问题26：符合质量标准的货运百分比（%）	问题27：机构数量		问题28：表格数量		问题29：清关时间（天）[a]		问题31：实物检查	问题32：多重检查
	货运百分比（%）	进口	出口	进口	出口	没有实物检查	进行实物检查	进口货运的百分比（%）	进行实物检查的货运百分比（%）
爱尔兰	96	2	2	4	4	0	1	2	1
以色列	92	2	2	4	3	1	2	3	1
意大利	93	4	4	4	3	1	1	3	1
牙买加	88	5	5	3	4	1	5	50	35
日本	93	3	3	4	4	0	1	3	2
约旦	83	5	1	1	1	1	2	35	1
哈萨克斯坦	88	1	1	1	1	1	1	6	3
肯尼亚	88	3	3	4	3	2	5	25	2
韩国	97	1	1	2	1	1	1	3	1
科威特	93	4	1	4	5	2	4	50	50
吉尔吉斯共和国	83	1	3	5	5	1	1	75	3
老挝	97	11	11	11	11	3	2	75	75
黎巴嫩	60	4	4	4	4	1	3	33	7

续 表

	问题26：符合质量标准的货运百分比（%）	问题27：机构数量		问题28：表格数量		问题29：清关时间（天）[a]		问题31：实物检查	问题32：多重检查
	货运百分比（%）	进口	出口	进口	出口	没有实物检查	进行实物检查	进口货运的百分比（%）	进行实物检查的货运百分比（%）
利比里亚	—	—	—	—	—	—	—	—	—
利比亚	93	3	3	3	3	2	4	75	3
卢森堡	—	—	—	—	—	—	—	—	—
马其顿王国	90	2	1	6	5	1	1	42	42
马达加斯加	40	11	11	2	2	2	4	35	1
马拉维	83	1	1	3	3	1	2	1	3
马来西亚	71	2	3	2	2	1	1	6	3
马尔代夫	—	—	—	—	—	—	—	—	—
马里	40	3	3	2	2	3	7	75	50
马耳他	59	1	1	1	1	0	1	15	1
毛里塔尼亚	40	2	4	5	6	1	4	18	3
毛里求斯	87	2	2	2	2	1	1	6	2
墨西哥	69	4	2	2	2	1	2	7	1

续 表

	问题26：符合质量标准的货运百分比（%）	问题27：机构数量		问题28：表格数量		问题29：清关时间（天）[a]		问题31：实物检查	问题32：多重检查
	货运百分比（%）	进口	出口	进口	出口	没有实物检查	进行实物检查	进口货运的百分比（%）	进行实物检查的货运百分比（%）
摩尔多瓦	93	11	11	8	8	2	7	35	35
蒙古	58	4	5	3	4	1	1	71	8
黑山	—	5	5	2	2	1	1	18	—
摩洛哥	65	3	3	3	2	1	3	17	3
莫桑比克	40	2	2	4	5	2	5	75	75
缅甸	20	34	3	4	2	2	3	75	75
纳米比亚	91	2	3	2	2	3	3	22	2
尼泊尔	69	5	5	6	5	1	1	30	10
荷兰	95	1	1	2	2	0	1	3	1
新西兰	87	2	2	3	2	0	2	1	1
尼加拉瓜	88	4	3	3	2	1	3	13	4
尼日利亚	57	8	6	6	6	5	8	43	8
挪威	—	—	—	—	—	—	—	—	—
阿曼	—	—	—	—	—	—	—	—	—

续　表

	问题26：符合质量标准的货运百分比（%）	问题27：机构数量		问题28：表格数量		问题29：清关时间（天）[a]		问题31：实物检查	问题32：多重检查
	货运百分比（%）	进口	出口	进口	出口	没有实物检查	进行实物检查	进口货运的百分比（%）	进行实物检查的货运百分比（%）
巴基斯坦	55	4	4	4	4	2	4	27	5
巴拿马	93	5	3	4	3	1	2	6	2
巴拉圭	88	3	3	3	3	2	3	50	50
秘鲁	89	2	2	3	2	1	2	6	3
菲律宾	97	7	3	6	3	2	4	6	2
波兰	57	3	3	4	4	1	2	75	61
葡萄牙	72	2	2	2	2	1	1	18	2
卡塔尔	97	2	3	1	1	3	3	50	75
罗马尼亚	65	4	3	4	4	1	1	11	3
俄罗斯联邦	88	2	2	8	8	1	2	61	61
沙特阿拉伯	79	2	2	3	2	3	4	36	3
塞内加尔	66	3	3	4	4	3	5	18	11
塞尔维亚	57	2	2	5	3	1	1	6	6
塞拉利昂	40	1	1	4	4	4	4	50	50

续 表

	问题 26：符合质量标准的货运百分比（%）	问题 27：机构数量		问题 28：表格数量		问题 29：清关时间（天）[a]		问题 31：实物检查	问题 32：多重检查
	货运百分比（%）	进口	出口	进口	出口	没有实物检查	进行实物检查	进口货运的百分比（%）	进行实物检查的货运百分比（%）
新加坡	95	2	1	1	1	0	1	1	1
斯洛伐克	78	1	1	2	2	0	1	4	3
南非	89	2	2	2	2	1	2	5	2
西班牙	74	2	1	2	1	1	1	5	1
斯里兰卡	80	4	3	5	5	1	2	33	7
苏丹	86	5	4	3	3	2	4	18	1
瑞典	97	2	2	2	2	1	2	1	1
瑞士	76	4	4	2	2	1	1	1	1
阿拉伯叙利亚共和国	61	3	2	5	3	3	3	51	18
中国台湾	82	2	1	2	2	0	1	2	1
塔吉克斯坦	88	5	3	5	3	1	1	3	1
坦桑尼亚	—	—	—	—	—	—	—	—	—
泰国	97	5	4	5	4	1	1	5	2
多哥	59	3	3	3	3	3	5	11	1
突尼斯	88	—	—	—	—	—	—	—	—

续　表

	问题26：符合质量标准的货运百分比（%）	问题27：机构数量		问题28：表格数量		问题29：清关时间（天）[a]		问题31：实物检查	问题32：多重检查
	货运百分比（%）	进口	出口	进口	出口	没有实物检查	进行实物检查	进口货运的百分比（%）	进行实物检查的货运百分比（%）
土耳其	77	3	2	4	3	1	2	8	3
乌干达	88	10	5	1	1	4	10	75	35
乌克兰	72	7	7	8	7	1	2	21	3
阿拉伯联合酋长国	86	2	2	2	2	1	1	4	2
英国	90	3	4	3	3	1	2	3	2
美国	93	3	2	4	2	1	3	7	3
乌拉圭	—	—	—	—	—	—	—	—	—
乌兹别克斯坦	57	3	2	3	3	3	5	14	9
委内瑞拉	59	6	6	8	7	3	6	30	4
越南	78	4	4	5	4	1	2	8	8
也门	—	—	—	—	—	—	—	—	—
赞比亚	40	4	3	1	1	2	4	6	1
津巴布韦	59	4	4	4	5	1	3	33	4

注：—表示数据未提供；a 表示已接受的海关申报与通关通告之间的时间间隔。

资料来源：2012 年物流绩效指数。

附录 4　LPI 方法

因为物流有很多维度，所以衡量和总结各国的表现具有很大的挑战性。检查物流过程相关的时间和成本——港口处理、报关、运输等相关项目——是良好的开端，在许多情况下这类信息均有登记记录。因为这些国家的供应链结构存在差异，所以把这类信息汇总成一个总体化的跨国数据库难度较高。更重要的是，良好的物流受诸多关键因素的影响，如过程透明度、服务质量、可预见性和可靠性，而不能仅靠时间和成本信息评估物流的优劣。

受访者的人口统计数据

物流绩效中至关重要的一点是陆路运营商的评价。因此，LPI 针对跨国货运代理和主要快递运营商开展了结构化的在线物流专业调查。

2012 年 LPI 数据是根据 2011 年的调查收集而来，这个调查涵盖 143 个国家的国际物流公司中近 1000 名受访者的采访（国内绩效指标）。国际 LPI 覆盖 155 个国家，受访者的数量与 2010 年 LPI 受访者大致相同。

此外，2012 年 LPI 受访者的地理位置反映出贸易便利化在发展中国家中日益重要的作用。其中，69% 的受访者处于低收入国家（13%）或中等收入国家（56%）。

LPI 的评估对象包括大型企业和中小型企业。大型企业（250 名员工或以上）大约只占受访者的 18%，因此大部分的反馈来自于中小型企业。

有能力的公司高层人士是调查报告中重要的组成部分。2012 年受访者包括高级管理人（50%）、地区或国家经理（16%）和部门经理（17%）。这些专业人士从公司总部及分支办公室直接参与到日常运营中。接近 2/3 的受访者在企业或者地区总部工作（39%），或者在其国家的分支办公室工作（23%）。其余的都是在当地的分支机构（7%）或者独立公司工作（31%）。

超过半数的受访者（54%）的主要工作是提供大部分的物流服务。这些服务包括仓储和配送、为客户量身定制的物流解决方案、快递服务、大宗或散货运输、拼箱装载、全货柜或者全挂车装载运输。有 32% 的受访者属于全集装箱或全挂车负载运输（22%）经营模式的公司，或者为客户定制物流解决方案的公司（10%）。

在所有受访者中，45% 处理多式联运，23% 处理海运，13% 处理航空运输。而 42% 的受访者通常负责国内与国际业务，30% 专门处理国际航运（出口与进口）。有 30% 处理世界大部分地区的工作，其他人的工作集中在亚洲（24%）、欧洲（23%）或者美洲（9%）。

构建国际 LPI

LPI 调查的第一部分（10 ~ 15 题）为国际 LPI 提供信息。每个调查受访者基于六个物流的核心绩效成分，为八个海外市场评分。这八个国家的选择是基于受访者所在地最重要的出口和进口市场，对于内陆国家而言，其依赖于邻国形成的陆地桥梁将其连接至国际市场，因而选择也将通过其对邻国的考量而随机产生。每个受访者选择国家组合的方法根据受访者所在国家的特点而改变。(见表 A4. 1)

受访者通过网络参与调查。为解决之前引擎产生的问题，2012 LPI 采用了新的网络引擎（Iarossi 2006）。2012 年新引擎也采用了一个新开发的随机采样统一平台方法（USR），以从未被充分代表的国家获得尽可能多的回复。因为调查引擎很大程度上依赖于一个专业化的国家选择方法，该方法应以国家之间的高贸易量为基准。USR 方法能够帮助低贸易量国家的排名在国家选择的过程中上升。

2012 年的调查引擎构建了一套供受访者根据规定选择的国家集合（见表 A4.1）。经过 200 份调查后，引擎采用了 USR 方法进行国家筛选。对于每一个新的受访者，USR 方法获得一个随机选择的国家的回应，但通过非均匀采样的方式——配重使得采样逐渐趋于统一。这种采样方式下，一个国家 i 被选择的概率是（$N-n_i$）$/2N$，其中 n_i 是 i 国迄今为止的样本量，N 是总样本量。

表 A4.1　　　　选择调查对象国家的方法

<table>
<tr><th></th><th>低收入国家的受访者</th><th>中等收入国家的受访者</th><th>高收入国家的受访者</th></tr>
<tr><td>沿海国家受访者</td><td>五个最重要的出口伙伴国家
+
三个最重要的伙伴国家</td><td>三个最重要的出口伙伴国家
+
最重要的进口伙伴国家
+
四个随机挑选的国家，从如下四组各选择一个：
a. 非洲
b. 东亚和中亚
c. 拉丁美洲
d. 经合组织和欧洲次中亚</td><td rowspan="2">从五个最重要出口伙伴国家和五个最重要进口伙伴国家名单中随机选择两个国家
+
四个随机挑选的国家，从如下四组各选择一个：
a. 非洲
b. 东亚和中亚
c. 拉丁美洲
d. 经合组织和欧洲
+
从上述 a、b、c、d 组合中随机选择两个国家</td></tr>
<tr><td>内陆国家受访者</td><td>四个最重要的出口伙伴国家
+
两个最重要的进口伙伴国家
+
两个大陆桥国家</td><td>三个最重要的出口伙伴国家
+
一个最重要的进口伙伴国家
+
两个大陆桥国家
+
两个随机挑选的国家，从如下两组各选择一个：
a. 非洲、东亚、中亚和拉丁美洲
b. 经合组织和欧洲次中亚</td></tr>
</table>

数据来源：2012 物流绩效指数。

国际 LPI 是一个物流部门绩效的综合指标，它将六个核心绩效指标的数据组合成一个单一的综合衡量指标。一些受访者没有提供所有六个组成指标的信息，因此插值弥补缺失值。缺失值用该国对于每个问题的平均响应代替，每题根据受访者对于所回答问题的全国平均值的偏差调整。

六个核心构成要素包括：

①海关和边境管理清关的效率，在调查问卷第 10 题，从“非常低”（1）到“非常高”（5）打分。

②贸易和运输基础设施的质量，在调查问卷第 11 题，从“非常低”（1）到“非常高”（5）打分。

③安排具有竞争性价格货运的便利性，在调查问卷第 12 题，从“非常低”（1）到“非常高”（5）打分。

④物流服务的质量和竞争力，在调查问卷第 13 题，从“非常低”（1）到“非常高”（5）打分。

⑤跟踪和追踪货物运输的能力，在调查问卷第 14 题，从“非常低”（1）到“非常高”（5）打分。

⑥货物运输在既定或预期时间内的到货率，在调查问卷第 15 题，从“几乎没有”（1）到“基本一直都是”（5）打分。

LPI 根据这六个指标利用主成分分析（PCA）——一种用来降低数据集维度的标准统计方法——构建而成。LPI 中，输入 PCA 的数据是各国在 10 ~ 15 题的得分，得分基于所有受访者对于某个特定海外市场提供的数据平均值。将分数减去样本平均值并除以标准差从而获得 PCA。PCA 的输出是一个单一的指标，LPI 就是那些数据的加权平均值。权重用来最大限度地提高 LPI 原始六项指标中的变异百分比。

表 A4. 2 和表 A4. 3 中是 PCA 步骤的完整细节。表 A4. 2 中的首行显示，六个核心指标的相关矩阵的特征值当中的第一个（最重要）大于1，而且远远大于其他特征值。标准统计测试（如凯泽准则和特征值图）均采用一个主要构成要素来描述其基础数据。这一主要构成要素就是国际 LPI。表 A4. 2 表明，在六个构成要素中国际 LPI 的变异占 92%。

为了获得国际 LPI，分别将六个原始指标标准化得分乘以它们的主要成分比重（Component Loadings）（见表 A4. 3），然后相加。该要素载荷代表构建国际 LPI 的每一个原始指标的权重。由于六个指标的载荷类似，国际 LPI 接近于这些指标的简单平均值。

表 A4. 2　　　　国际 LPI 主要成分分析的结果

构成要素	特征值	差异	方差比例	
			个体	累计
1	5. 55	5. 39	0. 92	0. 92
2	0. 16	0. 04	0. 03	0. 95
3	0. 12	0. 05	0. 02	0. 97
4	0. 07	0. 02	0. 01	0. 98
5	0. 06	0. 02	0. 01	0. 99
6	0. 04		0. 01	1. 00

数据来源：作者分析。

表 A4. 3　　　　国际 LPI 主要成分比重

维度	权重
海关	0. 41
基础设施	0. 41
国际货运	0. 40
物流质量与竞争力	0. 42
跟踪和追踪	0. 41
及时性	0. 40

数据来源：作者分析。

为了体现LPI以调查为基础获得的数据集所产生的抽样误差，LPI得分取80%的置信区间。这些区间使得对于一个国家的得分和排名提供上界和下界成为可能。要确定得分的微调或者两个得分之间是否具有统计显著差异，置信区间必须仔细检查。例如，一个国家只有在该国家的2012 LPI得分下界超过其2010年得分时才能从统计学角度看成显著进步。

为了计算置信区间，国际部分所有受访者中LPI得分的标准差是估计值。置信区间的上界和下界根据下式计算：

$$\mathrm{LPI} \pm \frac{t_{(0.1,N-1)}S}{\sqrt{N}}$$

其中，LPI是一个国家的LPI得分，N是该国的调查受访者数目，S是每一个国家LPI得分的估计标准差，t是表示服从t分布。该方法的结果表明，对于受访者较少的小市场置信区间和分数与排名的取值范围变化较大，因为这些可确定性更小。

高分和低分用来计算国家排名的上界和下界。上界是当一个国家的LPI得分位于置信区间的上界而非中心位置时该国家的LPI排名。下界是一个国家LPI得分位于置信区间的下界而非中心时该国家的LPI排名。在这两种情况下，其他所有国家的分数保持不变。

1～5级别的平均置信区间是0.21，约为全国平均LPI得分的7.4%。平均来说，这相当于LPI排名中的13个位置。当解读LPI得分和排名的微小区别时要谨慎。

尽管LPI是国际物流和贸易便利化的最全面的数据来源，但它仍然有两大局限。第一，国际货运代理的经验可能无法代表贫穷国家更为广泛的物流环境（它通常依赖传统运营商）。而且国际和传统运营商可能在其服务水平上与政府机构之间的运作方式不同。第二，对于内陆国家和小岛国，LPI也许反映超出被评估国家范围之外的准入问题，如过境困难。内陆国家的低排名可能没有充分反映出其为贸易便利化作出的努力，这取决于国际运输系统运作的复杂性。内陆国家无法通过国内的改革消除过境低效率问题。

创建本国的LPI数据库

LPI调查的第二部分是国内LPI，其中受访者提供他们工作所在国物流环境的定性和定量信息。

17～22题要求受访者从五个性能类别中选择一个。例如，在17题中，他们可以描述他们国家的港口费用为“非常高”、“高”、“平均”、“低”或者“非常低”。至于在国际LPI中，这些选项是从1（最差）到5（最好）编码。附录2显示出对于物流环境的每个方面评分1～2或者4～5的受访者百分比的国家平均值。

除了少数例外，问题23～24询问受访者对于他们国家国际供应链的定量信息，提供下拉菜单中的选项。当一个答案表示一个单一值，该答案就被编码作为该值的对数。当一个答案指示一个范围的时候，该答案被编码为该范围中点的对数。例如，出口距离可以表示为少于50千米、50～100千米、100～500千米等，因此50～100千米的答复被编码为log75。可以应要求提供编码矩阵的完整细节。

国家得分是由所有受访者对于一个指定国家反映出来的对数平均值取幂。这种方法相当于取几何平均值。地区得分、收入群体得分和LPI 1/5人口得分是相关国家得分的简单平均值。

附录5　表框、图、表

表框

图

表

参考文献

APEC（Asia – Pacific Economic Cooperation）Secretariat. 2009.

“Logistics：Connectivity for Goods and Services.” Document 2009/SOM1/CTI – EC/TPD/002. Trade Policy Dialogue on Trade Logistics, Singapore.

Arvis, Jean – François, and Ben Shepherd. 2011. “The Air Connectivity Index：Measuring Integration in the Global Air Transport Network.”

Policy Research Working Paper 5722. World Bank, Washington, DC.

Arvis, Jean – François, Gaël Raballand, and Jean – François Marteau.

2010. “The Cost of Being Landlocked：Logistics Costs and Supply Chain Reliability.” World Bank, Washington, DC.

Arvis, Jean – François, Graham Smith, and Robin Carruthers. 2011.

Connecting Landlocked Developing Countries to Markets：Trade Corridors in the 21st Century. Washington, DC：World Bank.

Arvis, Jean – François, Monica Alina Mustra, John Panzer, Lauri Ojala, and Tapio Naula. 2007. Connecting to Compete 2007：Trade Logistics in the Global Economy. Washington, DC：World Bank.

Arvis, Jean – François, Monica Alina Mustra, Lauri Ojala, Ben Shepherd, and Daniel Saslavsky. 2010. Connecting to Compete 2010: Trade Logistics in the Global Economy. Washington, DC: World Bank.

Cantens, Thomas, Gaël Raballand, Samson Bilangna, and Marcellin Djeuwo. 2011. "Reforming Customs by Measuring Performance: A Cameroon Case Study." In Where to Spend the Next Million?

Applying Impact Evaluation to Trade Assistance, ed. Olivier Cadot, Ana M. Fernandes, Julien Gourdon, and Aaditya Mattoo, 183 – 206.

Washington, DC: World Bank.

Deutsche Post DHL. 2012. "Go Green: Our Approach towards Environmental Protection. Presentation at World Bank Transport Day, February. www. dp – dhl. com/en/responsibility/environment. html. Accessed April 2012.

Fernández, Raquel, Santiago Flórez Gómez, Francisco Estrázulas de Souza, and Henry Vega. 2011. "Supply Chain Analyses of Exports and Imports of Agricultural Products: Case Studies of Costa Rica, Honduras and Nicaragua." In Getting the Most out of Free Trade Agreements in Central America, ed. J. Humberto Lopez and Rashmi Shankar, 151 – 79. Washington, DC: World Bank.

Helble, Matthias, Ben Shepherd, and John S. Wilson. 2009.

"Transparency and Regional Integration in the Asia Pacific." The World Economy 32 (3): 479 – 508.

Hoekman, Bernard, and Alessandro Nicita. 2011. "Trade Policy, Trade Costs, and Developing Country Trade." World Development 39 (12): 2069 – 2079.

Iarossi, Giuseppe. 2006. The Power of Survey Design: A User' s

Guide for Managing Surveys, Interpreting Results, and Influencing Respondents. Washington, DC: World Bank.

IDB (Inter – American Development Bank). 2012. "IDB Supports Efforts to Strengthen Asia – LAC Ties through the Trans – Pacific Partnership." News Release, January 31. www. iadb. org/en/news/news – releases/2012 – 01 – 31/asia – lac – ties – through – the – trans – pacific – partnership, 9827. html. Accessed January 2012.

International Chamber of Commerce. 2010. ICC Guide to Intoterms® 2010. ICC 720. New York: ICC Publications.

Kallas, Siim. 2012. "Using Freight to Help European transport Move to a sustainable future." Speech presented at the launch of the Green Freight Europe initiative, Brussels, March 27. http: //europa. eu/rapid/pressReleasesAction. do? reference = SPEECH/12/230 & format = HTML. Accessed March 2012.

Klaus, Peter, and Christian Kille. 2007. Top 100 in European Transport and Logistics Services. Hamburg, Germany: DVV Media Group/Deutscher Verkehrs Verlag.

Klaus, Peter, Christian Kille, and Martin Schwemmer. 2011. "Top 100 in European Transport and Logistics Services; Market Sizes, Market Segments and Market Leaders in the European Logistics Industry."

DVV Media Group/Deutscher Verkehrs – Verlag. www. dvz. de/fileadmin/user_ upload/Buch – PDFs/TOP – 100 – Europ – 2011 – Leseprobe. pdf. Accessed January 2012.

Kunaka, Charles, Monica Alina Mustra, and Sebastian Saez.

Forthcoming. "Trade Dimension of Logistics Services." World Bank, Washington, DC.

Makillie, Paul. 2006. "The Physical Internet." The Economist, June 15.

McKinnon, Alan C., Sharon Cullinane, Michael Browne, and Anthony Whiteing, eds. 2010. Green Logistics: Improving the Environmental Sustainability of Logistics. London: Kogan Page.

McLinden, Gerard, Enrique Fanta, David Widdowson, and Tom Doyle, eds. 2011. Border Management Modernization. Washington, DC: World Bank.

Mongelluzzo, Bill. 2012. "Single Border Portal Tops Importers' Wish List." The Journal of Commerce, March 3.

Murphy, Paul R., and James M. Daley. 1999. "Revisiting Logistical Friendliness: Perspective of International Freight Forwarders." Journal of Transportation Management (Spring) 65 – 71.

Murphy, Paul R., James. M. Daley, and Douglas. R. Dalenberg. 1993.

"Doing Business in Global Markets: Perspectives of International Freight Forwarders." Journal of Global Marketing 6 (4): 53 – 68.

Mustra, Monica Alina, Jean François Arvis, John Arnold, Robin Carruthers, and Daniel Saslavsky. 2010. Trade and Transport Facilitation Assessment. Washington, DC: World Bank.

Ojala, Lauri, and Cezar Queiroz, eds. 2000. "Transport Sector Restructuring in the Baltic States: Proceedings of a Ministerial Seminar held in Riga." Turku School of Economics and Business Administration, Finland, November 16 – 17.

——2004. "Transport Sector Restructuring in the Baltic States towards EU Accession." Working Paper 31123. World Bank, Washington, DC.

Raballand, Gaël, and Supee Teravaninthorn. 2008. Transport Prices and Costs in Africa: A Review of the International Corridors. Washington, DC: World Bank.

Raballand, Gaël, Salim Refas, Monica Beuran, and Gözde Isik. 2012. Why Does Cargo Spend Weeks in Sub-Saharan African Ports? Lessons from Six Countries. Washington, DC: World Bank.

Rantasila, Karri, and Lauri Ojala. 2012. "Measurement of National-level Logistics Costs and Performance." ITF Discussion paper 2012-04, International Transport Forum, Paris. http://internationaltransportforum.org/jtrc/DiscussionPapers/jtrcpapers.html. Accessed May 2012.

Raven, John. 2001. Trade and Transport Facilitation: A Toolkit for Audit, Analysis, and Remedial Action. Washington, DC: World Bank.

Reis, Jose Guilherme, and Tom Farole. 2012. Trade Competitiveness Diagnostic Toolkit. Washington, DC: World Bank.

Sandee, Henry, Julia Oliver, and Natalia Cubillos Salcedo. 2012. "Why Dwell Time Matters." World Bank Institute Growth and Crisis Blog. http://blogs.worldbank.org/growth/why-dwell-time-matters. Accessed April 2012.

UNCTAD (United Nations Conference on Trade and Development). 2010. "A Comparison of the LPI and the LSCI." Transport Newsletter 46: 7–8. http://archive.unctad.org/en/docs/webdtltlb20103_en.pdf. Accessed January 2012.

——2011. Review of Maritime Transport 2011. Geneva.

UNIDO (United Nations Industrial Development Organization). 2009.

Industrial Development Report 2009—Breaking In and Moving Up:

New Industrial Challenges for the Bottom Billion and the Middle – Income Countries. Vienna. World Bank. 2009. "Madagascar Country Economic Memorandum." Washington, DC.

——2011. "International Bank for Reconstruction and Development and International Finance Corporation Country Partnership Strategy for the Republic of Serbia for the period FY12 – FY15." Report 65379 – YF. www – wds. worldbank. org/external/default/WDSContentServer/WDSP/IB/2012/02/07/000350881_20120207170941/Rendered/PDF/653790CAS0revised0Box365777B00PUBLIC0. pdf. Accessed January 2012.

——2012. "Turning the Right Corner: Ensuring Development through a Low – Carbon Transport Sector." Washington, DC.

World Bank and FAO (Food and Agriculture Organization of the United Nations). 2012. "The Grain Chain: Food Security and Managing Wheat Imports in Arab Countries." World Bank, Washington, DC.

World Economic Forum. 2010. The Global Enabling Trade Report 2010. Geneva.

图书在版编目（CIP）数据

世界银行物流绩效指数报告：2012年：—联结以竞争：全球经济中的贸易物流／（法）阿维斯等著；王波译. —北京：中国财富出版社，2013. 12

ISBN 978-7-5047-4904-8

Ⅰ. ①世… Ⅱ. ①阿… ②王… Ⅲ. ①物流—经济绩效—指数—研究报告—世界—2012 ②物流—经济绩效—经济指标—研究报告—世界—2012 Ⅳ. ①F259. 1

中国版本图书馆CIP数据核字（2013）第228217号

策划编辑 张小玲 王宏琴 **责任印制** 何崇杭
责任编辑 张小玲 郑欣怡 **责任校对** 梁 凡

出版发行 中国财富出版社（原中国物资出版社）
社　　址 北京市丰台区南四环西路188号5区20楼 **邮政编码** 100070
电　　话 010-52227568（发行部） 010-52227588转307（总编室）
010-68589540（读者服务部） 010-52227588转305（质检部）
网　　址 http://www.cfpress.com.cn
经　　销 新华书店
印　　刷 北京京都六环印刷厂
书　　号 ISBN 978-7-5047-4904-8/F·2082
开　　本 880mm×1230mm 1/32 **版　　次** 2013年12月第1版
印　　张 4.5 **印　　次** 2013年12月第1次印刷
字　　数 113千字 **定　　价** 30.00元